Evelyn Seeger

Hamster

Natur Buch Verlag

Inhalt

Den Hamster kennenlernen

Der drollige Hamster ist ein liebenswertes Geschöpf. Noch gar nicht so lange lebt das kleine Pelzknäuel mit uns und gilt bereits als begehrter Hausfreund.

Ursprung und Herkunft

Seine steile Karriere begann der Hamster erst relativ spät in den 30er Jahren dieses Jahrhunderts, als es dem Jerusalemer Zoologen Israel Aharoni in der Wüste Syriens gelang, ein Goldhamsterweibchen samt seiner elf nestwarmen Jungen aus dem Bau zu graben. Israel Aharoni brachte die Kleinnager in sein Labor. Nur drei der kleinen Säugetiere überlebten, doch vermehrten sich diese rasch. Sie sind die Stammeltern aller heute in menschlicher Obhut lebenden Goldhamster, deren Zahl auf mehrere Millionen geschätzt wird. Mit wissenschaftlichem Namen heißt das Tier *Mesocricetus auratus*, das bedeutet goldfarbener Mittelhamster. Zumeist ist die Rede vom

Gestatten, Hamster! Mit dem quirligen Tausendsassa kommt Leben ins Haus. Sein Forschertrieb macht vor nichts Halt.

Ein Hamster ist sehr vorsorglich: Gerne knuspert er Feldfrüchte, vor allem Mais findet er unwiderstehlich. Mit großem Eifer macht er sich abends über seine Vorräte her.

Syrischen Goldhamster. Als Versuchstier hielt die Art zunächst Einzug in England und Amerika. Später verhalf sein freundliches Wesen dem Hamster zum Aufstieg in den Heimtier-Olymp. Erst nach 1945 wurde der Goldhamster hierzulande bekannt und begeistert mittlerweile Tierliebhaber auf der ganzen Welt.

Eine im Jahre 1997 durchgeführte Expedition mit dem Ziel, den Goldhamster in seiner Heimat zu beobachten, ergab, daß dem wilden Verwandten zunehmend der Lebensraum genommen wird. Siedlungen und Landwirtschaft verdrängen ihn aus seiner einzigen natürlichen Umgebung, der Aleppinischen Hochebene in Nordsyrien. Weit verbreitet sind drei andere Arten des Mittelhamsters in Kleinasien, Bulgarien und Rumänien, über die jedoch wenig bekannt ist.

Eine zweite Gruppe bilden die sogenannten Kleinhamster *Cricetulus* (siehe Kapitel Rassen). Sie sind von Europa über den Kaukasus und die Mongolei bis fast zum Pazifik verbreitet. Die Gattung Cricetulus stellt eine bekannte Art, die als Heimtier immer populärer wird: der Chinesische Streifenhamster. Von den Kurzschwänzigen Zwerghamstern haben der Dsungarische Zwerghamster und der winzige Roborowski Zwerghamster in den Zoohandel Einzug gehalten.

Der Syrische Goldhamster

Ordnung:	Nager
Unterordnung:	Mäuseartige
Familie:	Wühler
Gattung:	Mittelhamster
Verbreitung:	Europa und Asien
Lebensweise:	Nachtaktiver Steppenbewohner
Sozialverhalten:	Rivalisierender Einzelgänger
Habitat:	Unterirdische Gangsysteme
Größe:	15–18 cm
Lebenserwartung:	2–3 Jahre

Ein bei uns in Thüringen und Sachsen in freier Wildbahn lebender Verwandter der Sippschaft ist der Feldhamster *Cricetus cricetus*. Leider hat der Mensch überhaupt kein Verständnis für das Bedürfnis dieses Großhamsters, sich unter Getreidefeldern einzunisten und Feldfrüchte in seinem Speicher zu lagern. Der angebliche Schädling wurde in weiten Teilen Europas so stark verfolgt, daß er heute in vielen Ländern geschützt ist. Er ist ein hübscher Kerl mit bräunlichem Fell und weißen Füßen. Auffällig ist die schwarze Körperunterseite, die für gewöhnlich bei Säugern hell gefärbt ist. Im Dunkeln ist jedoch der schwarze Bauch eine ideale, gestaltauflösende Tarnkappe. Denn ein ausgewachsener Feldhamster mißt stattliche 25 Zentimeter und ist nicht so leicht zu übersehen. Als aggressiv und wehrhaft charakterisiert Alfred Brehm den Hamster in seinem „Tierleben“. Für den Feldhamster ist das jedoch überlebenswichtiges Verhalten. Schließlich macht diese Tierart zum Nahrungserwerb auch Jagd auf kleine Vögel oder Mäuse.

In der Wildnis karger Steppen und Felder wühlt der Hamster unter der Erde und lebt 2–2,5 Meter tief in einem selbstgegrabenen Bau. An dessen Ende baut er ein Nest, das er mit Gras oder Tierhaar behaglich auspolstert. Dort verschläft er den Tag. Erst abends streckt das kleine Tier seine Nase aus dem Bau und geht im Schutz der Dunkelheit auf Futtersuche: Getreidekörner, Grünfutter, Insekten und Larven. Dabei meistert es enorme Strecken

Es ist gar nicht so schwer, die Hamsterburg des Kletterkünstlers abwechslungsreich einzurichten.

von bis zu 6 Kilometer in einer Nacht. Was er nicht sofort verspeist, verstaut der Hamster in seinen dicken Backentaschen und schafft es in die Speisekammer seines Baus. Sinkt die Außentemperatur unter 15 Grad Celsius, läßt die Aktivität des Tieres deutlich nach. Erst wenn der Winter einsetzt, stopft der Hamster den Eingang seines Baus zu und verfällt in eine Winterruhe, bis es wieder wärmer wird.

So ist der Hamster

Im Sturm erobert der Kobold mit dem Stummelschwanz die Herzen von jung und alt. Mit seinem weichen, plüschartigen Pelz erinnert der Hamster an ein kleines Bärchen. Er hat glänzend schwarze Knopfaugen, ein niedliches Gesicht und verblüfft mit Verhaltensweisen, die mitunter unseren nicht unähnlich sind, wenn es darum geht, emsig Futter zu organisieren und sich die Backen vollzustopfen. Ein Hamster ist eben sehr vorsorglich. Er besitzt ein eindrucksvolles Gebiß, mit dem das Tier gerne nagt. Außerdem ist der Hamster sehr reinlich und putzt sich ständig. Befaßt sich der Mensch regelmäßig mit ihm, wird ein Hamster gutmütig und zutraulich. Bei falscher Behandlung jedoch kann der kecke Kerl rabiat werden. Prall bläst er seine Backen auf und klappert bedrohlich mit den Zähnen. Vehement verteidigt er sein Territorium, das er mit Duftmarken markiert, was auch beim Patrouillengang in der Wohnung gut zu beobachten ist. Der Hamster hat von Natur aus einen starken Bewegungstrieb und schätzt Erkundungstouren sehr. Dabei entwickelt die possierliche Spürnase erstaunliche Fähigkeiten, die man dem Tier überhaupt nicht zutraut. Wieselflink meistert es einen Hindernislauf mit Bravour, um an Leckereien heranzukommen. Sein Tatendrang kennt keine Grenzen, und weil er sehr geschickt und wendig ist, versteht sich der kleine Akrobat auf tolle Kletterpartien. Anders als viele Heimtiere ist der Hamster ein Eigenbrötler, der am Tage seinen Schlaf braucht und erst am Abend richtig lebendig wird.

Der Hamster liebt es hoch hinaus. Dabei ist das Tier nicht selten absturzgefährdet.

Überlegungen zur Hamsterhaltung

Über die Konsequenzen bei der Wahl des Heimtiers, Entscheidungshilfen für den Hamsterkauf und die artgerechte Haltung: Damit Sie wissen, was Sie als frischgebackener Hamsterhalter erwartet.

Mit einem Stückchen Melone sollten Sie Ihren kleinen Freund öfter mal verwöhnen.

Voraussetzungen für die Anschaffung

Ein Hamster, das bedeutet viel Leben im Haus und einen Einblick in die erstaunlichen Leistungen der Erfinderküche Natur. Stundenlang möchte man dem lustigen Treiben des kleinen Kerls zuschauen. Der possierliche Nager ist eine große Bereicherung. Doch dafür fordert er auch von Ihnen ein gewisses Maß an Verständnis für seine Bedürfnisse. Der tierische Familienzuwachs will reiflich überlegt sein. Lassen Sie sich beim Zoofachhändler nicht zu Spontankäufen hinreißen oder vom Nachbarn einen Hamster „aufs Auge drücken". Genauso unüberlegt ist ein Hamster als Überraschungsgeschenk. In den Tierheimen leben viele Hamster, die ihren Haltern schnell überdrüssig wurden. Dabei ist es ganz einfach,

Eine Spielstunde am Abend mit „seinem" Menschen ist das richtige. Der Hamster muß seinem starken Bewegungsdrang nachkommen können. Nur so fühlt er sich wohl.

sich um einen Hamster zu kümmern. Er ist nicht wählerisch und ziemlich robust. Hamster sind keine sozialen Tiere, sondern Einzelgänger, die nur gerne zur Paarung zusammenkommen. Was also die Zuwendung angeht, ist der Hamster ein bescheidener Hausgenosse.

Sehr wichtig dagegen sind für das reinliche Tier die regelmäßige Pflege und Bewegung. Es benötigt einen geräumigen Hamsterkäfig, der auch in einer kleinen Wohnung Platz findet. Als dämmerungsaktives Tier wird er erst gegen Abend richtig munter und bleibt bis in die frühen Morgenstunden aktiv. Ideal ist der Hamster deshalb für Berufstätige und Schüler, die tagsüber oft wenig Zeit haben. Zutraulich und zahm wird der Zögling aber nur, wenn Sie sich täglich mit ihm befassen. Vor allem, wenn Sie Kinder haben, sollten Sie die Wahl des Haustieres gründlich überdenken. Kinder fres-

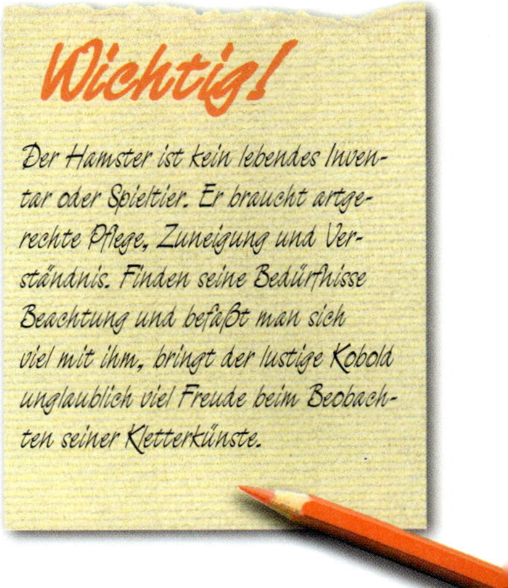

Paßt der Hamster zu mir?

1 Klären Sie, ob eine Staub- bzw. Fellallergie besteht.

2 Der Hamster benötigt einen geeigneten Platz, an dem er tagsüber Ruhe hat, nachts aber lärmen kann.

3 Zigarettenrauch, Zugluft und unmittelbarer Krach (Musik) machen den Hamster krank.

4 Der Hamster braucht täglich/wöchentlich anfallende Pflege, Fütterung und Käfigreinigung.

5 Zumindest zeitweilig sollte dem Hamster Beschäftigung geboten werden. Bei einem Leben ohne Abwechslung nimmt er Schaden.

6 Hamster bewegen sich gerne außerhalb ihres Käfigs in einem Zimmer. Dabei kommt es zu Schmutz und Nagespuren.

7 Bedenken Sie Gefahren durch andere Haustiere.

8 Im Urlaub ist es besser, wenn ein geeigneter Sitter den Hamster betreut. Verzichten Sie lieber auf den mitreisenden Hamster.

9 Stellen Sie sich darauf ein, den Hamster auch bei Krankheit oder Behinderung zu pflegen und für die Kosten eines Tierarztes aufzukommen.

10 Kosten: Der Anschaffungspreis für das Tier ist ca. 15–25 DM. Bei Käfig (kostet etwa 40–100 DM), Zubehör und Pflege (ca. 30 DM für den monatlichen Aufwand) sollten Sie nicht sparen. Bestes Kindesalter: Ab acht Jahre, mit Unterstützung der Eltern.

sen einen Narren an den drolligen Pelztierchen. Doch werden Hamster ziemlich stinkig, wenn sie vor dem Abend geweckt werden. Das heißt, die Beschäftigungsstunde muß auf den Abend verlegt werden. Erklären Sie, daß der Hamster kein Spieltier ist und eine Puppe nicht ersetzt. Genauso wenig eignet sich das Heimtier für Experimente, die es in Angst und Schrecken versetzen. Wohl aber lernt Ihr Kind als Hamsterpfleger die Pflichten und Sorgfalt für den neuen Kameraden und Verantwortung für ein lebendes Geschöpf.

Machen Sie sich mit dem Gedanken vertraut, daß die regelmäßigen Pflegearbeiten bei Ihnen liegen und zwar für die Dauer eines ganzen Hamsterlebens. Fragen Sie alle Familienmitglieder, ob sie mit einem neuen Hausgenossen einverstanden sind. Von der Anschaffung eines Haustieres ist abzuraten, wenn eine Allergieneigung besteht. Auf den Tierhaaren sitzen langlebige Allergene, die auch Symptome hervorrufen, wenn ein kleines Nagetier ins Haus kommt, das selten oder gar nicht aus dem Käfig genommen wird.

Also lieber ein Allergietest vorab, bevor der neue Freund schon bald nach dem Einzug tränenreich verabschiedet werden muß. Das ist nicht nur traurig für Ihre Familie, sondern bedeutet vor allem für den Hamster eine stressige Umstellung. Erklären Sie Ihren Kindern auch, daß außer Zuneigung und Pflichten auch unangenehme Zwischenfälle mit in Kauf genommen werden müssen. Der Hamster erreicht mit zwei bis drei Jahren schon biblisches Alter. Rechnen Sie mit einem liebgewonnenen, alten Hamster, der seine Ruhe möchte und eines Tages nicht mehr aufwacht.

Fällt Ihnen die Entscheidung bei der Wahl schwer: Als Urlaubs-Sitter lernen Sie das beliebte Haustier zusammen mit seinen Pflegeansprüchen kennen. Ist der Klettermaxe Ihr Wunschtier und Sie sind bereit, eine hamstergerechte Umwelt zu schaffen, steht dem Start ins gemeinsame Leben nichts im Wege.

Welcher Hamster soll es sein?

Die Hamsterfamilie wird nach dem Maßband in drei Gattungen unterteilt: Groß,- Mittel-, und Zwerghamster. Zur Wahl stehen im Fachhandel Gold- oder Zwerghamster mit vier Arten. Immer noch am beliebtesten: der Goldhamster. Zwar ist er ein rechter Querolant, der seinesgleichen nicht mag. Doch ist er in der Haltung robuster als die kleineren Rassen. Ein Teddyhamster, der auch zu den Goldhamstern gehört, faßt schneller Zutrauen, bedarf aber regelmäßiger Fellpflege. Auch muß häufiger Käfigreinigung betrieben werden.

Den Goldhamster gibt es in vielerlei Farbvarianten. Russen-, Albino- und cremefarbener Hamster sind verträglicher als die Wildfärbung. Dennoch kommen auch unerfahrene Hamsterhalter für gewöhnlich schnell mit einem wildfarbenen Goldhamster gut aus. Der Preis liegt bei etwa 15 Mark.

Erst in jüngster Zeit steigt das Interesse am Dsungarischen Zwerghamster (Phodopus sungorus), auch grauer oder sibirischer Zwerghamster genannt. Eigentlich ist er ein Kurzschwanz-Zwerghamster: Nur 9 Zentimeter mißt das Tier, am Hinterteil baumelt ein 1,8 Zentimeter langer Schwanz. Dsungaren werden schnell anhänglich. Im Unterschied zum Goldhamster sind sie auch tagsüber mal aktiv. Sonst gilt: Umgänglicher als Goldhamster tolerieren sie Artgenossen, wenn genügend Platz und Auslauf vorhanden sind. Die Tierchen haben einen hübschen graubraunen Pelz mit dunklem Aalstrich und einen hellen Bauch.

Als Unterart der Dsungaren gilt der Campbell-Zwerghamster (Phodopus campbelli). Den Weibchen wird nachgesagt, daß sie gerne den Halter in den Finger zwicken. Als Paar läßt sich die Art jedoch problemlos halten. Ebenfalls im Kommen als Heimtier ist der Chinesische Streifenhamster (Cricetulus griseus). Für diese relativ langschwänzige Art (Schwanzlänge etwa 2,5 cm)

Chinesischer Streifenhamster

Dsungarischer Zwerghamster

Campbell Zwerghamster

Roborowski Zwerghamster

Rassen im Blickpunkt

Rassen, Arten, Varianten	Größe in cm	Aussehen	Pflege	Eigenschaften, Verträglichkeit
Goldhamster:				
Wildfarbener Goldhamster	15–18	Goldfarbener Rücken, heller Bauch, dunkle Wangenstreifen	Kurzhaar-Fell	Robust, vital, Weibchen schneller reizbar gegenüber Männchen
Schwarzer Goldhamster		Schwarzes Fell Augenbereich heller	Kurzhaar-Fell	Robust, temperamentvoll
Schecken-Goldhamster		Viele Farben mit heller Zeichnung in symmetrischer Scheckung	Kurzhaar-Fell	Nervös, schwieriger zu zähmen, anfälliger gegen Krankheiten
Teddyhamster oder **Satinhamster**		Plüschartiges Fell mit Kurz- oder Langhaarfaktor in verschiedenen Farben mit seidigem Glanz	Fellpflege, öfter Käfig reinigen	Friedfertig, gewinnt schnell Zutrauen
Langhaarhamster oder **Angorahamster**		Sehr lange Haare, die leicht verfilzen	Regelmäßig Fellpflege	Friedfertig, zutraulich
Russenhamster oder **Siamhamster**		Weißes Fell mit schwarzen Augen, scheinbar angerußte Ohren und Füße	Kurzhaar-Fell	Besonders friedfertig, wird schnell zutraulich
Cremefarbener Goldhamster		Creme- oder beigefarbenes Fell	Kurzhaar-Fell	Besonders friedfertig
Zwerghamster:				
Dsungarischer Zwerghamster	5–9	Wildfarben, hell, blau, scheckig, dunkler Rückenstreifen	Kurzhaar-Fell	Der ruhigste unter den Zwerghamstern, sehr friedlich, Familienverbände möglich
Campbell Zwerghamster	5–9	Hellbraun, gelb mit roten oder schwarzen Augen, auch Albinos	Kurzhaar-Fell	Weibchen beißlustig, doch paarweise Haltung möglich, rote Augen sehr lichtempfindlich
Chinesischer Zwerg- oder **Streifenhamster**	9–12	Graues Fell mit Aalstrich, heller Bauch	Kurzhaar-Fell	Temperamentvoll, Einzelhaltung ratsam
Roborowski Zwerghamster	7	Sandfarben, weißer Bauch	Kurzhaar-Fell	Sehr quirlig und hektisch, benötigt viel Platz und Auslauf

wird Einzelhaltung empfohlen. Dabei benötigt er größere Bewegungsfreiheit.

Als besonders quirliges Wesen präsentiert sich der winzigste Vertreter des Kurzschwanz-Hamster-Clans, der sandfarbene Roborowski Zwerghamster (Phodopus roborovskii). Sein Ursprung ist die Wüste. Sehr klein, sehr lebendig und rasend schnell eignet er sich kaum für die Betreuung durch Kinder. Die kleineren Zwerghamster benötigen jedoch genauso viel Platz wie Goldhamster, da ihr Bewegungstrieb stark ausgeprägt ist. Der Preis für Zwerghamster liegt etwas höher, bei etwa 15 bis 25 DM, da sie noch nicht so häufig angeboten werden.

Ein oder mehrere Hamster?

Der Goldhamster fühlt sich am wohlsten als Solist. Ständiger Kontakt zur eigenen Sippschaft, auch durch eine simple Trennwand, bedeutet für ihn Dauerstreß. Zumeist reagiert er auf einen Artgenossen zänkisch und aggressiv. Zeitweilig mag ein Familienverband während der Aufzucht eines Wurfs gelingen. Grundsätzlich gilt: Einmal getrennt, sollten Sie Geschwister nicht mehr zusammen in einen Käfig setzen, da der Gruppengeruch verlorengegangen ist. Zwerghamster lassen sich leichter in Familienverbänden halten, wenn sie sich schon als Jungtiere kennen. Dsungaren und Campbell Zwerghamster machen dabei am wenigsten Schwierigkeiten. Einen zweiten Käfig sollte man im Notfall zum Abtrennen oder bei Krankheit immer bereithalten. Roborowski Zwerghamster lassen sich in kleinen Gruppen halten, jedoch nur in gleichgeschlechtlichen Verbänden.

Dsungaren lassen sich als Wurfgeschwister vergesellschaften.

Weibchen:
Bei der Hamsterin ist der Abstand zwischen Geschlechts- und Afteröffnung wesentlich geringer.

Männchen:
Das männliche Hinterteil verläuft spitzer als beim Weibchen.

Männchen oder Weibchen

Das Geschlecht ist wirklich nur entscheidend, wenn Sie mehrere Hamster halten oder sich die Frage stellt, ob Sie unbedingt oder auf keinen Fall züchten wollen. Gold- und Streifenhamster-Männchen wird nachgesagt, daß sie schneller handzahm werden. Die Weibchen beider Rassen sind ziemlich temperamentvoll. Ihr Revierverhalten ist stärker ausgeprägt, auch wenn in den letzten Jahren verstärkt mit friedlichen Tieren gezüchtet wird. Wenn Sie beide Geschlechter halten und sie nacheinander frei laufen lassen, können Sie gut das Stempeln der Duftmarken an Reviergrenzlinien beobachten. Eine kleine Hilfe bei der Geschlechtsbestimmung: bei Gold- und Streifenhamstern haben die Männchen – schon bei Jungtieren ab vier Wochen gut erkennbar – paarige Hoden am Schwanzansatz.

Bei Dsungaren und Roborowski Zwerghamstern jedoch sind die Hoden kaum sichtbar, und man kann nur nach dem Abstand zwischen Geschlechtsöffnung und After unterscheiden. Diese Region ist beim Weibchen meistens unbehaart. Überdies ist beim Männchen der Bereich um die Duftdrüse am Bauch, mit der beide Geschlechter markieren, feuchter und dunkler gefärbt, da die Männchen beim Markieren aktiver sind. Ein gut geschulter Zoofachhändler kann die Geschlechtsmerkmale leicht unterscheiden und kann Ihnen sicherlich dabei behilflich sein.

Das richtige Alter

Für gewöhnlich werden die Jungen im Alter von drei bis vier Wochen von der Mutter entwöhnt. Das ist ein guter Zeitpunkt, sich ein Jungtier auszusuchen. Informieren Sie sich vorab in einer Zoofachhandlung, welche Rassen vorhanden sind. Goldhamster sind Standard, Dsungaren und Chinesische Streifenhamster werden immer häufiger angeboten. Seltener sind Roborowski Zwerghamster. Ist Ihr Wunschtier gerade nicht dabei, kann der Hamster als Jungtier bestellt werden.

Wo der neue Freund wartet

Sie bekommen Hamster in Zoofachgeschäften oder über Bekannte, die selbst junge Hamster aus einem Wurf abgeben. Auch ein Hamster aus zweiter Hand läßt sich gut an einen neuen Halter gewöhnen. Statten Sie doch dem Tierheim einen Besuch ab. Dort wartet vielleicht sogar ein handzahmer Hamster auf Sie. Verzichten Sie auf ein Heimtier aus dem Versandhandel: Der Transport per Post ist eine Qual für den Hamster. Er kommt verängstigt und möglicherweise krank bei Ihnen an.

Für den Kauf ist der späte Nachmittag am besten, da einige Tiere dann schon außerhalb des Schlafnestes umherwuseln. Entscheiden Sie sich für ein besonders neugieriges Tier. Kaufen Sie den Hamster für Ihre Kinder, sollten Sie sie von Anfang an miteinbeziehen, beim Kauf des Pflegezubehörs bis zur Wahl des Hausfreunds. Auch wenn Ihre Kinder schon lange um die Anschaffung betteln: ein Hamster ist kein Überraschungsgeschenk. Heimtierhaltung ist eine verantwortungsvolle Aufgabe, die Kinder (aber auch manche Eltern) erst lernen müssen.

Checkliste Transport

- Transportgefäß steht parat
- Den Hamster auf schnellstem Wege nach Hause bringen
- Das neue Hamsterheim ist eingerichtet und steht mit Nippeltränke und Futter am richtigen Platz
- Transfer ins Hamsterheim: Hamster vom Transportgefäß in den Käfig klettert lassen oder mit einer kleinen Schachtel umsetzen

Oft fällt die Wahl schwer: Der Hamster soll gesund und unternehmungslustig sein.

Für einen problemlosen Transfer eignet sich ein stabiler Kunststoffbehälter mit Gitterdeckel und Tragegriff, der auch äußerst praktisch als vorübergehender Wohnsitz bei Käfigreinigungen, für Jungtiere oder beim Gang zum Tierarzt ist.

Einen gesunden Hamster erkennen

Übereilen Sie nichts bei der Wahl des Hamsters. Beobachten Sie die lustige Hamsterschar längere Zeit, wenn der Zoohändler die Tierchen geweckt hat. Damit Sie kein krankes Tier erwischen, sondern einen putzmunteren Hamster, achten Sie auf folgende Dinge:

- Hamster ist bereits kurze Zeit nach dem Erwachen neugierig und lebhaft
- Körper ist gleichmäßig walzenförmig und nicht aufgetrieben
- Glänzendes Fell bei glatthaarigen Gold- und Zwerghamstern, der wuschelige Pelz bei Teddyhamstern darf nicht stumpf oder struppig erscheinen oder kahle Stellen aufweisen
- Augen geöffnet, glänzend und ohne Sekret
- Nase frei von Sekret, Hamster hustet und niest nicht
- Afteröffnung trocken und sauber, auch im Umfeld des Hamsters nur Hinweise auf festen und trockenen Kot
- Ohren ohne Ausfluß
- Hamster hat keine sichtbaren, offenen Veletzungen
- Kleine Schönheitsfehler an den Ohren, wie Kerben von verheilten Bißwunden dürfen sein.

Heimtransport

Lassen Sie sich vom geübten Zoofachhändler zeigen, wie Sie den Hamster anfassen, um zu vermeiden, daß er gleich beim ersten Handling ihrer Hand entwischt. Im Geschäft bekommen Sie eine kleine Pappschachtel als Transportgefäß. Ein bißchen Streu aus der alten Behausung mit der hamsterlichen Duftnote besänftigt das Tier. Außerdem dient der weiche Untergrund als Polster während der Fahrt. Halten Sie jedes Transportgefäß fern von Kälte, Regen oder Sonne. Der Einzug klappt reibungslos, wenn Sie Vorsorge für die Bedürfnisse des neuen Mitbewohners getroffen haben: ein bezugsfertiges Hamsterheim.

Regeln fürs Anfassen und Tragen

1. Für neue Hamsterbesitzer und unerfahrene Pfleger: halten Sie dem Tier eine leere Schachtel oder Dose vor. Der Hamster läuft neugierig ins Dunkel. Wenn Sie jetzt noch mit der Hand die Öffnung schützen, können Sie den Hamster gefahrlos umsetzen.

2. Sprechen Sie den Hamster an, bevor Sie versuchen, ihn anzufassen. Hamster sind kurzsichtig und erschrecken vor einem vermeintlichen Beutegreifer.

3. Greifen Sie niemals unvermutet und rasch nach dem Tier. Auch die schnelle Annäherung versetzt es in Panik.

4. Wenn sich der Hamster ein wenig an Sie gewöhnt hat: Vorsichtig mit der ganzen Hand von oben den Hamster in der Körpermitte greifen, so daß die Fingerspitzen das Bäuchlein umschließen. Dabei nicht drücken oder quetschen. Der Hamster wehrt sich sonst heftig und wird Sie vielleicht anpinkeln.

5. Ergreifen Sie den Hamster, setzen ihn dann auf die Hand und halten mit der anderen ein schützendes Dach darüber.

6. Bilden Sie mit beiden Händen ein schützendes Dach, das Sie über den Hamster stülpen. Schließen Sie dann die Hände unter dem Hamster. Er sitzt dann in einer warmen Kuhle.

7. Beim Hochnehmen ist darauf zu achten, daß der Hamster nicht entweichen kann und tief stürzt.

8. Den Hamster nicht auf der flachen Hand halten. Er wird immer zum Rand laufen und herunterfallen.

9. Wenn der Hamster quiekt und böse brummt oder sich gar in Abwehrhaltung auf den Rücken wirft, nicht anfassen.

10. Nackengriff vermeiden, sonst reagiert der Hamster außer sich. Das ist nur für das Verabreichen von Medikamenten geeignet. (siehe Kap. Krankheiten)

Richtiges Hochnehmen:
Handzahme Hamster in der hohlen Hand hochnehmen.

Richtiges Tragen:
In der Hand nicht quetschen – dann fühlt er sich wohl und sicher.

Pflege und Haltung

Ein artgerechtes Hamsterquartier, richtige Pflege und geeignete Kost sind grundlegende Bedürfnisse des Hamsters. Das Vertrauen des Tieres gewinnen Sie erst im Laufe der Eingewöhnung und des gemeinsamen Lebens.

Röhren machen Spaß! Ein heimeliges Versteck, in dem sich auch mal schlummern läßt.

Ein Hamster zieht ein

Das geeignete Hamsterhaus

Gold- und Streifenhamster lieben die dritte Dimension. Hoch hinaus bietet Sicherheit vor Feinden und beste Übersicht beim Jagen. Auch der Hamster als Heimtier liebt ein Zimmer mit Aussicht. Geräumige Käfige haben sich seit vielen Jahren bewährt. Im Fachhandel gibt es sie in vielen Ausführungen. Idealerweise besitzen sie mehrere Ebenen, die den Klettereifer noch anspornen. Über eine Leiter oder Kletteräste gelangt Ihr Hamster in den zweiten Stock.

Entschließen Sie sich zur eigenen Gestaltung der Behausung, muß sie hamstergemäß renoviert werden. Dabei ist Luftaustausch wichtig, um quälenden

Hitzestau auszuschließen. Sogenannte Stapelhäuser aus Kunststoff, ausgediente Aquarien oder rundum geschlossene Terrarien sind aus diesem Grund nicht geeignet. Auch ein Vogelkäfig ist kein Traumhaus für den Hamster. Ein kleiner Hamster entwischt möglicherweise durch die Gitterstreben, überdies bietet der Vogelkäfig keine absturzfreie Zone. Achten Sie beim Kauf von Zubehör darauf, daß der Hamster nirgendwo hängenbleiben kann. Womöglich bricht er sich seine kleinen Füßchen.

Empfehlenswert sind auch geräumige Vivarien aus Acrylglas, die man mit Klettergeräten ausstattet. Zu vermeiden sind scharfkantige Drahtroste, die auf Dauer zu Sohlenballenerkrankungen oder zu Schwielen und Entzündungen an den Füßen führen können. Entscheiden Sie sich für einen Käfig mit zwei Etagen, sollte das Trenngitter aus denselben Gründen mit einer dünnen Holzplatte ausgelegt werden. Einige Etagenvillen des Fachhandels werden bereits mit Plastikböden ausgestattet. Abzuraten ist auch von Bodengittern, durch die der Kot fällt. So sehr diese Variante Sie von der täglichen Klo-Eckenreinigung zu erlösen scheint: Es bleibt eine Geruchsbelästigung, die auch dem Hamster buchstäblich stinkt. Überdies ist das Bodengitter eine Qual für die zierlichen Hamsterfüße, und Ihr neuer Freund kann nicht wühlen.

Fürs richtige Ambiente braucht das Quartier nun noch ein paar Spielsachen. Zur Befriedigung des Bewegungstriebs empfehlen Experten ein großes Laufrad für den Goldhamster, am besten aus Metall. In den handelsüblichen aus Kunststoff muß der Hamster seinen Rücken zu sehr durchbiegen. Raubt Ihnen nach einiger Zeit das quietschende Rad den Schlaf, verwenden Sie zum Schmieren etwas Vaseline. Zweige von ungespritzten Bäumen oder sandgestrahlte Äste dienen als Kletterparadies. Oder sie beschaffen einen Ziegelstein zum Erklimmen, außerdem Turngeräte wie Holzbrücken, Leitern, Kisten, Pappkartons usw. für den Freilauf.

Mindestgröße des Käfigs: 60 cm lang, 40 cm breit und 30 cm hoch.

Tip!

Für den Roborowski Zwerghamster mit seinen behaarten Fußsohlen ist ein Gitterkäfig zum Klettern gänzlich ungeeignet. Der Bewohner der Dünen huscht lieber auf Sand in einem Cricetarium (Hamster-Terrarium) umher.

Je größer der Käfig ist, desto besser, auch wenn er den täglichen Freilauf nicht ersetzt!

In diesem Schlafhäuschen aus Holz (15 cm lang, 10 cm breit und hoch; Schlupfloch-Durchmesser: 5 cm) kann jeder Hamster träumen. Praktischerweise ist das Dach aufklappbar für Nestkontrolle und Reinigung.

Sieben Punkte fürs perfekte Hamsterheim

1. Möglichst große Käfig-Grundfläche
Idealmaße: 100 cm Länge bei 50 cm Breite und 40 cm Höhe.

2. Das richtige Gitter
Wählen Sie Käfige mit Stäben aus nichtrostendem Material. Die Drahtkonstruktion sollte galvanisch verzinkt oder matt verchromt sein. Mit Epoxydharz beschichtet sind sie besonders leicht zu reinigen. Der Gitterabstand sollte nicht mehr als 8–12 mm betragen (5-6 mm ist ratsam), weil sich sonst kleine Tiere durchzwängen können. Der Käfig muß querverdrahtet sein, da Goldhamster und Streifenhamster gerne klettern.

3. Stabile Bodenwanne
Diese sollte aus festem Kunststoff bestehen, zwecks Reinigung. Idealerweise ist sie 7 cm hoch und verhindert Schmutz- und Wühlspuren. Um die tägliche Säuberung zu erleichtern, können Sie sich mit einer Handvoll saugfähiger Natur-Einstreu (Strohstreu) in der Klo-Ecke behelfen.

4. Innenleben
Ein *Schlafhäuschen* mit aufklappbarem Dach, vorzugsweise aus unbehandeltem Holz, da die Plastikhäuschen für den Goldhamster oftmals zu klein sind, zum anderen kann das Tier im geschlossenen Kästchen möglicherweise „schwitzen“ .
Ein *Trinkröhrchen* statt einer Trinkschale ist auf jeden Fall vorzuziehen. Es verschmutzt nicht so schnell und verhindert Pfützen im Wohnbereich. Bei Gitterkäfigen ist es außen

angebracht und beansprucht keinen Platz im Hamsterheim. Als *Futternapf* eignet sich ein irdener Blumentopfuntersetzer. Er wird nicht angeknabbert, ist leicht zu reinigen und wird nicht so schnell beim Buddeln mit Einstreu zugeschüttet. Saftfutter können Sie in eine saubere Ecke auf ein wenig Stroh legen.

5. Einstreu und Nistmaterial

Die ideale Einstreu für den Käfig- oder Gehegeboden sind unbehandelte, saugfähige Sägespäne aus dem Zoofachhandel. Nicht die ganz feine Sorte verwenden, um Augenentzündungen vorzubeugen. Eine 3–4 cm hohe Füllung der Schale genügt. Sand oder Erde von draußen sind wegen der Krankheitskeime ungeeignet. Für Dsungaren und Roborowski Zwerghamster kann man feinen Vogel- oder Chinchillasand aus dem Handel verwenden. Für geruhsamen Schlaf: Nistmaterial verbessert die Laune des Hamsters. Zum Auspolstern des Schlafhäuschens sind Gräser, Blätter und feingeschnittenes Heu wichtig. Von Fetzen aus Packpapier oder Küchentüchern nicht zuviele dem Hamster anbieten, sonst verstopft er sich womöglich die Backen. Aus diesem Grund wird auch von Hamsterwatte abgeraten.

6. Geeignetes Spielzeug

Einfache Spielsachen sind die richtigen: Naturäste zum Knabbern (vor der Verwendung unter heißem Wasser abbürsten und trocknen lassen wegen des Vogelkots). Eine willkommene Abwechslung sind Haushalts- oder Toilettenpapierrollen, die Hamster mit Hingabe benagen. Darüberhinaus bietet der Fachhandel eine wahre Spielwiese an Turngeräten: Röhren, Leitern, Brücken, Schaukeln aus tierfreundlichem Vollholz.

7. Die richtige Standortwahl

Der Käfig muß mindestens in Augenhöhe des Menschen stehen. Ein Platz am Boden ruft Panikreaktion hervor, vor allem, wenn noch andere Haustiere an den Käfig herankommen können. Gönnen Sie Ihrem Tier einen ruhigen, dunklen Platz. Fensternähe ist nichts für

Das Laufrad: Eine Konstruktion von 15 cm Durchmesser verhindert, daß der Hamster seinen Rücken zu sehr durchbiegt. Dsungaren genügt ein kleineres Rad.

Auf und ab geht die Hatz!

den Hamster, das Tier darf nicht im Zug oder in praller Sonne stehen. Käfigklima: Temperaturen bei Goldhamstern 18–22 °, Dsungaren 18–20 °, Luftfeuchtigkeit 40% bis höchstens 60 %. Niemals sollten Sie die Umgebungstemperatur drastisch verändern – also nicht in die Nähe des Heizkörpers stellen. Dasselbe gilt für direkte Lärmquellen wie Radio und Fernseher.

Bauanleitung Hamsterheim

1. Sechs beschichtete Spanplatten (12–15 mm dick),
2. Seiten, Boden und Rückwand zu einer Kiste zusammenschrauben,
3. Ritzen gegen Feuchtigkeit mit Silikon abdichten,
4. an Seiten und Boden je zwei Winkel montieren,
5. Vorderseite (auch Glasscheibe) einsetzen, fertig! Ideal für Gehegereinigung.

Quartier zum Nachbauen

Wollen Sie die Heimtierunterkunft selbst gestalten, denken Sie an die bestmögliche Lebensqualität des Hamsters. Für die Planung gilt: Je größer, desto besser, mindestens jedoch die Richtgröße 60 cm x 40 cm x 30 cm. Wählen Sie lieber eine Höhe von 40 cm oder einen Holzrahmen mit verzinktem Eisengitter zum Abdecken, damit der Hamster nicht stiften geht. Vermag der Hamster über das Schlafhaus das Gitter zu erreichen, ist darauf zu achten, daß das Tier nicht auf spitze Gegenstände wie Äste oder dergleichen abstürzen kann.

Bauanleitung Schlafhaus:
Hierzu verwendet man lieber Vollholzzuschnitt, der zu einem Holzkistchen mit Holzleim (Ponal ist geeignet) verklebt wird. Maße: Seitenlänge 15 cm x 10 cm Tiefe x 10 cm Höhe. Das Schlupfloch wird mit einer Stichsäge im Durchmesser von 5 cm herausgesägt. Ein Haus ohne festen Boden ist besser geeignet, da manche junge Hamster noch ins Nest pinkeln, sich dann das Holz mit Urin vollsaugt und sich ein Herd für Krankheitskeime bildet.

Lockt ihn aus seinem Schlupfloch: Ein dicker Brocken zum Eingewöhnen.

Die Zeit der Eingewöhnung

Je nach Temperament wird der Hamster nach dem Einzug ängstlich bis neugierig reagieren. Fremde Gerüche und Stimmen irritieren ihn. Beschränken Sie sich für ein paar Tage aufs Füttern und Wasser wechseln, und verändern Sie nichts am Hamsterheim. Ist das neue Quartier erst mal gründlich ausgekundschaftet, bewegt sich der Hamster darin bald schnell und zielgerichtet. Daß er schließlich Vertrauen zu Ihnen knüpft, klappt nur durch behutsames Vorgehen. Verfolgungsjagden, grobes Anpacken oder lautes Schimpfen bewirken das Gegenteil.

Von schnellem Erfolg gekrönt sind Lockspeisen. Reichen Sie ihm anfangs einen Leckerbissen aus den Fingern. Halten Sie die Leckerei ruhig eine Weile fest, sonst stopft der Hamster sie gleich in die Backentasche und verschwindet. Ein anderes Mal legen Sie Futter auf die flache Hand. Für den nächsten Schritt lassen Sie die Hand in der Spielkiste ruhen und warten ab. Irgendwann krabbelt der Hamster darüber hinweg. Bereits nach wenigen Tagen kann es Ihnen gelingen, den Hamster

Ein Klecks Joghurt als Eiweißration, dafür überwindet der Hamster gerne seine Scheu.

Schwarzer Goldhamster: Ein temperamentvoller Zeitgenosse, der gar nicht so häufig vorkommt.

fortan mit den Händen zu ergreifen. Streicheln mögen die meisten Hamster nicht besonders. Schwer zu bändigen sind die quirligen Roborowski Zwerghamster. Sie rutschen wie Seife aus der Hand, deshalb funktioniert die Zähmung der Widerspenstigen nur mit einiger Mühe und nach längerer Zeit.

Wenn der Hamster beißt

Zutraulich wird der Hamster nur, wenn Sie außer Geduld auch Verständnis aufbringen. Lehnen Sie Ihren Zögling nicht gleich ab, wenn er einmal beißt. Vielleicht war es ein Versehen, oder Sie haben ihn falsch angefaßt. Gut möglich, daß die Hand fremd riecht. Der Hamster versteht das als Provokation. Haben Sie in der Küche hantiert und duften verführerisch nach Essen, dann zwickt der Hamster, um zu kosten.

Am heftigsten reagiert das Tier auf die Duftnote eines Konkurrenten oder auf andere Heimtiere. Waschen Sie sich vor dem Anfassen die Hände. Bevor Sie den Hamster ergreifen, sprechen Sie ruhig und leise mit ihm und lassen ihn dann an der Hand schnüffeln. Geruch und Stimme sind der fälschungssichere Ausweis des Hamsterhalters. Vorsicht: Wenn Sie vor Schreck den Hamster zu Boden schleudern, wird er das kaum überleben. Haben Sie Angst, gebissen zu werden, setzen Sie den Hamster nach bewährter Manier mit einem vertrauten Behälter um.

Tip!

Hamster steigen lieber von einem höher gelegenen Punkt auf die Hand herab. Die Annäherung von oben erschreckt sie.

Wieviel Pflege braucht ein Hamster?

In gewohnter Umgebung

Hamster sind von Natur aus sauber und betreiben mehrmals täglich intensive Fellpflege. Die notwendige Hygiene gilt auch für den Wohnbereich, der von Ihnen sorgsam gepflegt werden muß. Zuwenig Fürsorge kann die Krankheitsanfälligkeit der kleinen Tiere erhöhen durch verdorbene Nahrung, Kot und Urin. Die Gewohnheiten des Hamsters sollten beim Hausputz beachtet werden. In den ersten beiden Lebensmonaten urinieren junge Hamster gerne ins Schlafhaus, erst später etabliert sich eine Pinkelecke, die Sie besser nicht mit Zubehör zustellen. Verändern Sie nicht jeden Tag das Hamsterheiligtum, sein Nest.

Körperpflege

Teddy- und Langhaarhamster bedürfen bei der Pflege zusätzlich fremder Hilfe. Damit ihr Fell nicht verknotet oder verkotet, sollte es alle paar Tage vorsichtig ausgekämmt werden. Stark verfilztes Haar besser mit einer Schere herausschneiden, bevor Sie den Hamster verletzen. Nehmen Sie regelmäßig den Hamster unter die Lupe, von den Augen über die Ohren, das Mäulchen bis zu den Pfötchen. Zu lange, sich krümmende Krallen müssen vom Tierarzt beschnitten werden. Wird nicht für den Abrieb der Nagezähne gesorgt, wachsen sie unnatürlich in die Länge und behindern den Hamster beim Fressen. Bevor es soweit kommt, sollten Sie unbedingt den Tierarzt aufsuchen.

Trinkwasser

Der Flüssigkeitsbedarf kann durch tägliche Gabe von frischem Saftfutter wie Salatgurke oder Apfel gedeckt werden. Sie können probieren, Ihrem Hamster Wasser aus dem Trinkröhrchen anzubieten. Es kommt auf die Neigung der Tiere an: Einige rühren die Tränke niemals an, wenn ausreichend Saftfutter zur Verfügung steht.

„Du wunderst Dich, wenn ich in der ersten Zeit am liebsten vor Dir weglaufe – ich weiß nämlich noch nicht, ob ich Dir vertrauen kann!"

Tip!

für Hamster-Sitter:
Vor dem Handling Hände waschen, denn der Hamster reagiert auf fremden Pflegergeruch.
Wenn Sie als unerfahrener Pfleger Bisse vermeiden wollen, halten Sie dem Zögling eine leere Schachtel vor. Schützen Sie mit der anderen Hand die Öffnung und setzen ihn gefahrlos um.

Andere mögen gerne ein Schlückchen Wasser, vor allem in der trockenen Heizsaison oder an heißen Sommertagen. Verwenden Sie es jedoch nur gekocht (starker Chlorgehalt) oder wahlweise Mineralwasser ohne Kohlensäure.

Regelmäßige Pflegemaßnahmen

Täglich:

- Füttern mit frischem Saftfutter, am besten abends
- Vorrat an Körnerfutter auffüllen
- Ecken und Nest auf verdorbenes Frischfutter hin kontrollieren und dies entfernen
- Mit Urin markiertes Körnerfutter aus dem Nest entfernen, überschüssiger, feuchter Vorrat schimmelt schnell
- Darauf achten, daß der Futternapf sauber ist
- Verschmutzte Einstreu aus den Klo-Ecken entfernen
- Trinkwasser erneuern, vorher Flasche reinigen
- Auslauf im Zimmer oder in der Spielkiste
- Gesundheits-Check des Hamsters

Ein- bis zweimal pro Woche:

- Komplette Einstreu entfernen
- Käfig, Gehege oder Aquarium mit warmem Wasser gründlich reinigen, dabei höchstens Essigsäure gegen Uringeruch verwenden, andere Reinigungsmittel können dem Hamster schaden
- Gleichzeitig Zubehör wie Laufrad, Spielzeug oder Nagemöglichkeiten abwaschen
- Trinkflasche mit Bürste reinigen und Wasser erneuern
- Futternapf säubern
- Nistmaterial bei Bedarf erneuern
- Kletteräste und Pappröhren auswechseln
- Regelmäßig für Abrieb der Nagezähne sorgen durch Anbieten von Knabbereien

Für den gründlichen Hausputz flüchtet er gerne in die Transportbox.

In der Urlaubszeit

Hamster-Sitter

Mit entsprechendem Nahrungs- und Wasservorrat können Sie den Hamster bedenkenlos für ein Wochenende Zu Hause allein lassen. Wollen Sie länger verreisen, gilt: Besser er bleibt im Urlaub zu Hause oder kommt in fachkundige Pflege. Vielleicht haben Sie einen fürsorglichen Nachbarn, der sich um ihn kümmert? Allerdings muß der Urlaubspfleger möglichst viel über den Schützling wissen: regelmäßige Pflegearbeiten, Vorlieben und Abneigungen des Hamsters. Eine Möglichkeit, die sich mehr und mehr durchsetzt: die Tierbetreuung auf Gegenseitigkeit. In guten Händen ist Ihr Hamster auch im Zoofachhandel, der manchmal für kurze Zeit die Patenschaft übernimmt. Ein Tierheim hingegen ist keine geeignete Hamsterpension.

Der reisende Hamster

Bleibt Ihnen keine andere Wahl oder wenn eine längere Fahrt zum Hamsterpfleger unausweichlich scheint: Transport im gewohnten Käfig, der fest verankert werden muß, um unnötiges Rütteln abzustellen. Meiden Sie Hitze, direkte Sonne, Kälte und Zugluft auf dem Transport. Denken Sie an ausreichend Hamsterfutter. Bei Urlaub im Ausland ist mit dem Konsulat des Urlaubslandes zu klären, ob der Hamster ohne tierärztliche Bescheinigung überhaupt einreisen darf. Ersparen Sie dem Hausfreund die Reise in ein warmes Land. Hitze überlebt er kaum, auch wenn er aus der Wüste kommt.

Betreuung durch Kinder

Ein Wort an junge Tierliebhaber: Seid Ihr stolze Besitzer eines Hamsters, sind nicht nur regelmäßiges Füttern und ein sauberer Käfig wichtig, sondern auch behutsamer Umgang. Der Hamster hat ein erstklassiges Gehör. Schreien und hektische Bewegungen versetzen ihn in Aufruhr. Richtiger ist, sich langsam dem Tier zu nähern. Experimente quittiert der Hamster mit Scheu und Aggressivität. Als verantwortungsvolle Hamster-

Checkliste Hamsterbetreuung

- Käfig am Vortag oder Transporttag gründlich reinigen
- Ausreichend gewohnte Fertignahrung und Leckerbissen besorgen
- Merkzettel für Betreuer mit Ernährungsgewohnheiten und regelmäßige Feuchtigkeitsspender wie Saftfutter oder Wasser nicht vergessen
- Hamster im gewohnten Käfig transportieren

Der Hamster liebt die Aussicht. Ihn niemals springen lassen und nicht zu lange mit ihm spielen!

Sechs Regeln für Kinder

1. Ein Hamster ist kein Spielzeug
2. Den Hamster tagsüber in Ruhe lassen
3. Den Hamster behutsam anfassen und nicht quetschen
4. Nicht zu lange streicheln
5. Keine Süßigkeiten anbieten
6. Nach dem Anfassen die Hände waschen

halter solltet Ihr seine Aktivitätsphasen einhalten, da er auf Störungen am Tag außer sich gerät und erbärmlich kreischt. Hat der Hamster ausgeschlafen und gefressen, habt Ihr sicherlich viel Spaß beim Beobachten des kleinen Freundes.

Hamster und andere Heimtiere

Von „Vergesellschaftungen" Ihres Hamsters mit artfremden Tieren wird dringend abgeraten. Halten Sie andere Heimtiere wie Katzen und Hunde, muß der Hamster sicher vor ihnen verschlossen sein. Auch Papageien stellen eine Gefahr für den Hamster dar und können ihn mit dem Schnabel schwer verletzen. Lassen Sie die beiden Tiere niemals gleichzeitig aus dem Käfig. Umgekehrt müssen kleinere Vögel wie Wellensittiche und Kanarienvögel vor dem Hamster geschützt werden. Bei Zusammentreffen von Hamstern mit Terrarienexoten wie Schlangen und Echsen zieht ziemlich sicher eine Seite den Kürzeren.

Haben Sie mehrere Hamster oder andere Nager, sollten Sie sich immer die Hände waschen, bevor Sie den nächsten Hamster berühren. Erschnuppert er bei Ihnen den Geruch eines „Rivalen", schrillt bei ihm die Alarmglocke, und er könnte versuchen, den Widersacher wegzubeißen. Wenn Sie sich einen

Zu ernsthaften, sogar tödlichen Auseinandersetzungen kommt es meist mit anderen Nagetieren wie Mäusen, Gerbilen, Streifenhörnchen oder Ratten.

zweiten Hamster zulegen, müssen Sie beide Tiere aneinander gewöhnen. In Kämpfen wird nämlich festgelegt, wer der rangerste Platzhamster wird.

Gruppenhaltung funktioniert höchstens bei Zwerghamstern, die von jung an miteinander leben. Wenn Sie mehrere Haustiere halten wollen, halten Sie die Tiere getrennt.

Das frißt der Hamster

Hamster sind Schlemmermäuler und würden alles Dargebotene in sich hineinstopfen. Nur mit der geeigneten Nahrung und einem ausgewogenen Menüplan halten Sie den Hamster fit.

Die richtige Kost

Grundnahrung

Auf Verdauung von kleinen Futtermengen und fettarmer Kost eingestellt, ist der Nager auf ständiger Nahrungssuche. Ausgewogene Ernährung durch einen flexiblen Speiseplan ist seine Grundlage, damit bleibt der Hamster vital. Außerdem müssen sich beim Fressen die Zähne abnutzen. Zur Hauptsache besteht die Hamsterkost aus verschiedenen Getreidesorten. Als Grundfutter gibt es die Fertigfuttermischung in der Zoohandlung. Sie besteht aus Getreidekörnern, Sonnenblumenkernen, Erdnüssen und gepreßtem Grünfutter, sogenannten Pellets. Ein gut gehäufter Eßlöffel Fertigfutter pro Tag genügt. Je mehr Sie anbieten, desto mehr verschwindet im Nest und später im Mülleimer. Andererseits lieben Hamster auch bei Tage kleine Zwischenmahlzeiten und köstliche Knabbereien. Zusätzlich zum Fertigfutter sollte man dem Hamster unbedingt Obst und Gemüse sowie Lebendfutter reichen, in der freien Natur ist er nämlich ein Gemischtköstler. Als Futtertiere eignen sich Insekten, Larven

Vitaminreiche Kost hält den Hamster topfit. Am besten täglich frisch anbieten. Auf verdorbenes Obst reagiert der Hamster empfindlich.

Die Tiere haben einen hohen Stoffwechselumsatz und benötigen unentwegt Snacks. Fetthaltige Nüsse müssen in Maßen gereicht werden.

oder Mehlwürmer. Der Eiweißbedarf läßt sich leicht durch eine kleine Portion Quark ergänzen oder ein Häppchen Tartar. Rohes Fleisch nicht täglich füttern, davon wird der Hamster bissig. Überdies schätzen Hamster Hundeknochen zum Abwetzen der Zähne.

Grün- und Saftfutter

Vitamin- und mineralstoffreich gestalten Sie den Hamsterspeiseplan mit Grünfutter, Obst und Gemüse. In der Natur finden sich Früchte des Sanddorns, Hundsrose, Hagebutten, Schlehen und Brombeeren oder Bucheckern. Auch Gräsersamen sind begehrt. Allerdings zählen manche Früchte und Beeren zu den Leckerbissen, die schnell zum Verfetten des Tieres führen. Auch wenn sich ein Hamster darauf stürzt, muß mit Nußmengen sparsam umgegangen werden. Trockenes Wiesen- und Kräuterheu ist als Rauhfutter wichtig für die

Verdauung des Hamsters und wird gerne von ihm angenommen. Auch Zweigrinde von Obstbäumen, Weiden, Birken, Buchen können Sie ohne weiteres dem Nager anbieten ebenso wie die Blätter von Buche und Haselnuß. Allerdings ist das Abbrechen von Zweigen und Pflanzen im Wald mitunter aus Naturschutzgründen nicht erlaubt.

Ist im Winter der Tisch nur spärlich mit Grünzeug von der Wiese gedeckt, bieten Sie unbehandelten Salat. Schon winzige Mengen Schadstoffe können dem kleinen Organismus schaden. Eine gute Idee ist auch eine Schale mit Katzengras aus dem Zoofachhandel. Das ist voller Vitamine, ungespritzt und immer nagergerecht zur Hand. Beim Futtern setzt der Hamster auf Qualität: Verwöhnen Sie den Hamster nicht zu sehr. Schnell entwickelt das kleine Felltier Vorlieben und pickt leider nur die Leckerbissen heraus.

Saftiges wie Gurke oder Apfel ist köstlich und gesund.

Geschmackliche Abwechslung auf dem Rohkostplan: unbehandelter Salat.

Fütterungsvorschlag für Roborowski Zwerghamster:

Der Winzling aus der Wüste frißt gerne besonders feines Futter, wie Sämereien von Gräsern. Deshalb sollte das Wellensittichfutter überwiegen. Auch „Robos" fressen viel Tierisches, das mit Hundekuchen, Mehlwürmern und Futterinsekten für Terrarientiere abgedeckt werden kann.

Fütterung

- Vorsicht vor giftigen Geschenkpaketen von der Wiese oder dem Feld (Mutterkorn)
- Mit Vogelkot verschmierte Äste abwaschen (könnten Salmonellen enthalten)
- Unbelastetes Grünfutter, nicht von Straßen- und Wegrändern (Abgase, Pestizide, Bakterien durch Hundekot)
- Nahrung in kleinen Happen reichen (wird sofort vertilgt und verdirbt nicht)
- Gemüse, Grünfutter und Obst vor dem Füttern waschen und abtrocknen
- Futter zimmerwarm anbieten
- Keine Speisereste füttern

GEEIGNETE KOST

Getreidemix: Mais, Weizen, Gerste, Hafer, verschiedene Hirsesorten, Erdnüsse, Sonnenblumenkerne, Leinsamen, Buchweizen

Grünfutter: Löwenzahn (auch Wurzel), Wiesengras, Wegerich und Vogelmiere, Basilikum, Brennesselsamen, Gänseblümchen, Spitzwegerich, Rispengras (Katzengras), Bärenklau, Eisbergsalat, Endivie, Feldsalat, Kopfsalat, Chicorée, Ruccola, Petersilie und Kresse

Gemüse: Rüben, Blumenkohl, Brokkoli, Karotten, Sellerie, Salatgurke, Rote Beete, Zucchini, Soja-Sprossen, Fenchel, Kohlrabi, Kartoffeln und Tomaten

Obst: Apfel, Banane, Birne, Melone, Chirimoya, Erdbeere, Traube, Schlehe, Brombeere, Hagebutte (keine Zitrusfrüchte, da zuviel Säure)

Leckerbissen: Walnüsse, Bucheckern, Trockenfrüchte, (in kleinen Mengen) Rosinen, Vogelbeeren, Avocado

Knabbereien: Getrocknetes Grau oder Knäckebrot, Johannisbrot, trockene Nudeln oder Hundekuchen (fördert Zahnabrieb), Nager-Stangen aus Getreide oder Grünpflanzen, Corn-Flakes

Lebendnahrung: Insekten, Larven oder Mehlkäferlarven aus der Zoohandlung

Tierisch gut findet der Hamster knackige Salate.

Zwei, die eine Knabberstange hamstern: Am besten schmeckt, was der andere hat!

NICHT FÜTTERN

Giftig: Kartoffelschalen und Kartoffelkeime, Grün von Tomaten und Karotten, frische Bohnen, Hundspetersilie, Tollkirsche, Schierling, Goldregen, Dosengemüse, gekochtes Essen, Tabak (siehe auch Kapitel Gefahren)

Erprobter Menüplan mit erforderlichen Nahrungsmengen
(Für Zwerghamster genügt die Hälfte)

Täglich	Alle zwei Tage	1 Mal pro Woche
Getreidemix (1 Eßlöffel)	Quark oder Yoghurt (1 Teelöffel)	Nagezweige
Grünfutter (Handvoll)	Lebendfutter (1–2 Mehlwürmer)	Getrocknetes Brot
Saftfutter (1 Apfelviertel deckt Flüssigkeitsbedarf)	Wiesenheu (Handvoll)	Mageres Fleisch (kleine Kugel)

Fütterungsvorschlag für Dsungaren und Roborowski-Zwerghamster:
Der käufliche Hamstergetreidemix (Körner, Nüsse, Flocken, Pellets) ist zu grob. Mischen Sie ihn deshalb mit Wellensittichfutter (50/50). Öfter mal Käfer, Mehl- und Regenwürmer füttern – bis zu 50 Prozent tierischen Nahrungsanteil zur Abwechslung. Grillen und Heuschrecken gibt es im Zoohandel, oder Sie offerieren ein ganzes Graspaket mit Moos.

„Von Schokolade werde ich sehr krank. Ich steh mehr auf Löwenzahn von der Wiese."

Akrobat Hamster kennt keine Hindernisse, neugierig probiert er jedes neue Spielzeug aus.

Wissenswertes über den Goldhamster

Gewicht ♂	85–140 g
Gewicht ♀	95–120 g
Wasserverbrauch	30 ml/Tag
Nahrungsbedarf	10–15 g/Tag
Körpertemperatur	36,2–37,5 °C
Herzschlag	280–412/min
Atmung	74 (33–127)

♂ = Männchen
♀ = Weibchen

Hamster-Anatomie

Sein Körperbau läßt leicht auf die Lebensweise des Hamsters schließen: ein emsiger Gräber unter Tage. Der Körper des *Hamsters* ist walzenförmig mit zierlichem Knochenbau, der das Tier extrem anfällig für Knochenbrüche macht. Es verfügt über sehr biegsame Gelenke. Flach ausgestreckt, vermag der Hamster sich ins engste Schlupfloch zu zwängen.

Die charakteristischen großen *Backentaschen* sind dehnbar bis zu den Hinterbeinen. Prall gefüllt lassen sie den Kopf beinahe um seine dreifache Größe anschwellen.

Mit einer trockenen, von Borsten besetzten Haut ausgekleidet, verstaut der Nager darin den nachts gesammelten Futtervorrat und transportiert ihn zum Bau. Hamstert der Nager ungeeignetes Material ein, verstopfen die Taschen.

Als Nagetier verfügt der Hamster über ein ordentliches *Gebiß* mit kräftigem Unterkiefer. Hamster besitzen neben den sechs bewurzelten Backenzähnen speziell ausgebildete, meißelförmige Schneidezähne. Diese sind wurzellos, wachsen ständig nach und müssen sich abnutzen. Bei zu lang gewachsenen Zähnen kann es passieren, daß der Hamster keine Nahrung mehr aufnehmen kann.

Aus zwei Kammern besteht der *Magen* des Hamsters. Im Vormagen wird das Futter aufgeweicht, im Drüsenmagen helfen Enzyme, die Nahrung vollständig abzubauen. Eine Empfindlichkeit besteht gegenüber verdorbener Nahrung.

Mit Hilfe der *Duftdrüsen* markieren Hamster ihre Reviergrenzen. Beim Goldhamster sitzen sie auf jeder Flanke vor den Hinterbeinen. Der Streifenhamster besitzt zusätzlich Bauchdrüsen. Zwerghamster hingegen setzen Duftmarken mittels einer einzelnen Drüse in der Bauchmitte ab.

Mit kurzen und kräftigen *Beinen* als Antrieb meistert der Hamster ein enormes Laufpensum. Durch die Fußarbeit mit fünf Zehen ist er wendig und schnell. Ein besonderes Merkmal der Hinterfüße sind dicke Sohlenballen, die den Hamster bei Kletterpartien stützen. Seine geschickten Vorderhände besitzen nur vier Finger. Dem Hamster fehlt der bewegliche Daumen, der ihm beim Graben im Wege wäre. Dennoch ergreift er mit den Händen fingerflink alles, was verführerisch duftet, und er reinigt mit ihnen seinen Pelz. In hamsterfeindlicher Umgebung werden die kleinen Extremitäten schnell gequetscht oder verdreht.

In den Backentaschen verstaut der kleine Nager nicht nur Futter sondern auch Papierschnitzel oder Heu für ein kuscheliges Nest.

Gesundheit und Krankheit

Richtige Pflege, Ernährung und guter Umgang sind die beste Gesundheitsvorsorge. Um Sie und Ihr Heimtier für den Krankheitsfall zu wappnen, helfen Ihnen die häufigsten Merkmale von Krankheiten und Erste-Hilfe-Tips.

Wenn der Hamster krank wird

Für gewöhnlich ist der Hamster ziemlich robust und erkrankt nur selten. Meist sind Haltungsfehler an seinem Leiden Schuld. Oder Sie holen sich bereits ein krankes Tier ins Haus. Warten Sie bei den ersten Anzeichen nicht zu lange, gehen Sie lieber gleich zum Tierarzt. Zwei Tage Durchfall können den kleinen Hamsterorganismus bereits sehr schwächen. Vorsicht bei Selbstversuchen: Die meisten Humanmedikamente sind viel zu stark für das Tier.

Haltungsfehler

Wenn Sie noch keine Erfahrung mit Hamstern haben oder das Tier gerade erst bei Ihnen eingezogen ist, kann eine plötzliche Ernährungsumstellung zu Verdauungsproblemen führen. Ein Pflegedefizit ist ebenfalls eine häufige Ursache von Krankheiten und führt nicht selten zu Magen-Darm-Infektionen und Durchfall. Vermieden werden kann das, indem der Käfig sauber und trocken gehalten und vor allem Futter vor Nässe und Verunreinigung geschützt wird. Über-

Der Hamster muß sich sein Futter erarbeiten, das hält ihn quicklebendig. Besser, er bekommt dabei Gemüse als zuviele Dickmacher.

Ein Hamster in menschlicher Obhut ist darauf angewiesen, daß er von uns geeignete Nahrung erhält.

Ihm täte ein körnerfreier Tag keinen Schaden. Fettleibigkeit kann das Hamsterleben verkürzen.

dies sollte Futter immer zimmerwarm angeboten werden. Ist jedoch die Ernährung einseitig, kann das zu einer unausgewogenen Versorgung mit Mineralstoffen und Vitaminen führen. Abwechslungsreiche Kost ist geboten, ein Mineral-Leckstein hält den Hamster zusätzlich fit. Ein ordentlicher Menüplan und viel Beschäftigung sind Grundvoraussetzungen für ein gesundes Hamsterleben.

Besteht hingegen die „Beschäftigung" aus der Gabe von Leckerbissen, wird der Hamster bald verfetten und erkranken. Speck auf die Rippen benötigen nur freilebende Tiere, die sich selbst versorgen. Zu den häufig auftretenden Erkrankungen zählen Erkältungen. Sie können jedoch durch Haltung an einem zugfreien Ort (18–22 °C) vermieden werden. Für die Gesundheitsvorsorge mindestens genauso wichtig ist das Einhalten der Ruhezeit.

Gesundheitsvorsorge

Körnersträußchen für den Knabberspaß, Yoghurt-Drops und Vitamin-Leckerlies für Kleinnager wirken Mangelerscheinungen entgegen. Ihr Hamster braucht einiges davon, übertreiben müssen Sie es aber nicht. Am einfachsten ist es, sich aus der

Natur zu bedienen. Überdies sind Kräuter ein gutes Mittel zum Vorbeugen von Krankheiten. In der heißen Periode müssen Sie Vorsorge treffen, daß der Hamster nicht im Zug steht. Bieten Sie zusätzlich zum Saftfutter frisches Trinkwasser im Spender an, um ein Austrocknen zu verhindern.

Wird es ihm zu heiß, zieht der Hamster aus. Die Nestburg baut er dann in eine Ecke des Käfigs. Ein zugfreier Standort ist wichtig.

Im feuchten Herbst genehmigen wir uns gerne Vitamincocktails, um ungeschoren die kalte Jahreszeit zu überstehen. Auch Hamster können so in Form gebracht werden. Servieren Sie jetzt Beeren und Samen. Ein trockenes und zugfreies Kleinklima ist wichtig, um Erkältungskrankheiten zu vermeiden. Auch im Herbst und Winter reichen Sie regelmäßig Grünfutter. Stellen Sie den Hamster weg vom Heizkörper. Beugen Sie Kälte und Feuchtigkeit vor. Reinigen Sie die Pinkelecke regelmäßig, dann bleibt der Zögling putzmunter.

Wildkräuter und Vitamincocktails mit Früchten aus der Natur stärken das Immunsystem des Hamsters und beugen Krankheiten vor.

Merkmale von Krankheiten

Erste Anzeichen	Erkrankung	Ursache	Behandlung
Körper unförmig aufgetrieben	Verdauungsstörung, Verstopfung	Falsches Futter	Milder Gewürzfenchel entkrampft, blähungstreibend
Verklebtes Auge	Augenentzündung	Zugluft, Einstreu	Vorsichtig abtupfen mit lauwarmem Wasser
Lichtscheuheit, Apathie, verzögertes Wachstum bei jungem Hamster	(LCM), Hirnhautentzündung		Keine Behandlung bekannt, Tier von anderen trennen
Abmagern, Futterverweigerung	Zahnprobleme, Backentaschenverletzung oder Abszeß	Kieferdeformation, Spitzer Gegenstand, falsches Futter, (Keine Schokolade)	Tierarzt
Augen eingefallen, Schwäche, Erbrechen, Krämpfe, Kollaps, angeschwollene Zunge	Dehydrierung, Überhitzung	Kein Wasser, zuviel Wärme oder Sonne	An kühleren Ort bringen, Trinkwasser anbieten, schwere Erkrankung
Appetitlosigkeit, Abmagern	Verdauungsstörung, Durchfall	Verunreinigtes Futter, Streß	Schwarzer Tee, Saftfutter weglassen
Dünnflüssiger Kot, Lethargie, Appetitmangel, verschmierte Afteröffnung	Durchfall, schwere Bakterien-Erkrankung, „Nasser Schwanz“	Streß, kein Wasser, verdorbenes Futter/Wasser	Tierarzt/Antibiotika, Tier von Artgenossen trennen
Totale Apathie	Schwere Erkrankung	Unbekannt	Sofort zum Tierarzt
Austrocknen der Augäpfel		Unbekannt	Operation
Krallen wachsen aus und krümmen sich		Keine Grabemöglichkeit	Tierarzt
Nachziehen des Beins	Prellung, Bruch, innere Verletzung	Sturz, Stoß, Biss	Tierarzt
Niesen, Husten	Husten, Bronchitis, Lungenentzündung	Zugfluft, Kälte	An warmen Ort stellen, evtl. Rotlicht, Fencheltee
Ertastbare harte Schwellung	Entzündung, Abszeß	Verletzung	Äußerlich mit Käspappel und Kamillentee abtupfen
Erblindung	Trübe Augen	Alter Hamster	
Langsames Größerwerden von Geschwulst	Tumor	Trifft häufig alte Hamster	Eventuell Operation oder Einschläfern
Fell stumpf und struppig, kahle Stellen	Mangelerscheinung	Einseitige Ernährung	Vitamine und Mineralien verabreichen, Änderung des Menüplans
Krustige, schuppige Haut, Haarausfall	Milben, Hautpilze, Vorsicht: Übertragbar!	Schlechte Pflege, andere Heimtiere	Tierarzt

Bei solchen Kletterpartien kann der Hamster durch Sturz Verletzungen erleiden, die nicht ohne Folgen bleiben.

Erste Hilfe für den Hamster

Augenerkrankungen

Zumeist handelt es sich um Bindehautentzündung oder Reizung durch zu feine Einstreu. Probieren Sie zunächst nur vorsichtiges Auswischen des verklebten Auges mit einem in lauwarmem Wasser getränkten Tüchlein. Dabei müssen Sie den Hamster fest im Griff haben, ein Helfer übernimmt die Augenpflege. Verwenden Sie Fenchel-Augenbäder oder eine Mischung aus Augentrost und Fencheltee. Kamillentee ist nicht geeignet.

Backentaschen-Probleme

Durch Einhamstern von ungeeignetem Material wie Woll- und Bastfäden, spitzen und scharfen Gegenständen sowie Schokolade kann es zu Verletzungen und Entzündungen der Backentaschen durch Verstopfen kommen. Mitunter führt das zu schmerzhaften Abszessen. Gehen Sie sofort zum Tierarzt.

Erkältung

Tropft dem Hamster die Nase, niest und hustet er, stellen Sie ihn an einen warmen Ort (21–23 °C, nicht direkt an die Heizung). Er braucht jetzt unbedingt Ruhe. Stellt sich über längere Zeit Appetitlosigkeit ein, holen Sie sich tierärztlichen Rat.

Hirnhautentzündung

Eine Krankheit, die nur junge Goldhamster (nicht Zwerghamster) bis drei Monate befällt, mittlerweile jedoch nur ganz selten auftritt, heißt Hirnhautentzündung (Lymphozytäre Choriomeningitis = LCM). Die Symptome sind wenig auffällig. Jedoch kann die Krankheit auf den Menschen übertragen werden. Normalerweise ist sie ungefährlich, kann aber ungeborenen Kindern im Mutterleib schaden. Schwangere Frauen sollten deshalb den Kontakt mit jungen Hamstern meiden.

Ein gesunder Hamster ist stets munter und unternehmungslustig.

Magen-Darm-Trakt-Erkrankung

Diese Störungen sind zumeist auf nicht artgerechte Fütterung zurückzuführen. Frischer, kleingeschnittener Spitzwegerich und getrockneter Beifuß bei Appetitlosigkeit können Linderung bringen. Durchfall beim Hamster muß sofort Abhilfe geschaffen werden. Verabreichen Sie ungezuckerten Kamillentee und Knäckebrot. Auf Saftfutter und fette Früchte muß verzichtet werden. Probieren Sie es mit etwas getrockneten, zerriebenen Malvenblättern im Körnerfutter. Bei Durchfall, der länger als 24 Stunden anhält, muß unbedingt der Tierarzt aufgesucht werden. In manchen Fällen empfiehlt sich bei Durchfall, das Hamsterheim zu reinigen und mit einem Mittel zu desinfizieren. Spülen Sie den Käfig anschließend gründlich mit Wasser, damit keine Desinfektionsreste zurückbleiben.

Tip!

Ist der Hamster sehr geschwächt, dehydriert und nimmt nichts mehr an, versuchen Sie es damit: Lösen Sie unter Erwärmen viel Honig in ein wenig Milch. Verabreichen Sie einen halben Teelöffel des flüssigkeitsspendenden Tranks nur körperwarm und tropfenweise von der Spitze eines Papiertaschentuchs oder von der Spitze eines Teelöffels.

Behinderung

Durch allzu heftiges Anpacken, Stürze oder Kämpfe mit einem Artgenossen kann der Hamster Verletzungen erleiden, die nicht ohne Folgen bleiben. Zieht der Hamster ein Bein hinter sich her, hat er sich möglicherweise den Fuß geprellt oder gar gebrochen. Gehen Sie auf alle Fälle zum Tierarzt. Ist es eine innere Verletzung oder ein neurologisches Problem, unterstützt vielleicht eine Behandlung mit Vitamin-B die Selbstheilung. Halten Sie den Kleinen vorübergehend ein bis zwei Wochen in einem ausgedienten Aquarium, wo er möglichst wenig klettert. Hamster können auch mit leichten Behinderungen unglaublich aktiv sein. Im Laufrad sollte er jedoch mit dem kranken Fuß nicht hängenbleiben. Täglich eine Stunde Freilauf im Zimmer bietet dann Abwechslung. Nehmen Sie den behinderten Hamster besser täglich unter die Lupe. Eine anomale Fußstellung führt rasch zu wunden Stellen, die sich entzünden können. Leidet das Tier unter der Anomalie, sollte es vom Tierarzt eingeschläfert werden.

Der kranke Hamster braucht Schonung und Ruhe. Die Spielstunde muß verlegt werden.

Mit Kräutern als Nahrungspflanzen lassen sich Krankheiten vorbeugen.

Heilkräuter

Heilende Kräuter und Blüten bieten sich gerade bei den kleinen Tieren gut an, die von Natur aus gerne Wildkräuter verzehren. Wichtig ist, daß bereits gesunde Tiere an Kräuter gewöhnt werden. Damit lassen sich nicht nur Krankheiten heilen, sondern man kann mit ihnen als Nahrungspflanzen auch Krankheiten vorbeugen. Dazu gehören der nierenanregende und magenstärkende Löwenzahn, Gänseblümchen bei Erkältungskrankheiten, Beifuß bei Appetitlosigkeit, entzündungshemmende Ringelblume, blutstillende Schafgarbe und Spitzwegerich bei Magen-Darm-Infektionen, um nur ein paar zu erwähnen. Auch hier gilt: Keine Pflanzen in der Nähe vielbefahrener Straßen sammeln. Nehmen Sie nur die Pflanzen, die Sie eindeutig erkennen. Gute Heilungserfolge bei Krankheiten und Verhaltensstörungen lassen sich mit Bachblüten-Essenzen erzielen, die mit dem Futter oder Trinkwasser angeboten werden. Jedoch enthalten diese Alkohol und dürfen nur in den vorgeschriebenen Dosierungen verabreicht werden. Informieren Sie sich bei einem Tierheilpraktiker oder in der einschlägigen Literatur.

Medikamente verabreichen

Genau dosierte, heilende Tropfen aus der Pipette in das Hamster-Mäulchen zu verabreichen, ist zumeist nur mit einem Helfer durchführbar, wenn sich das Tier in Ihrer Hand wehrt. Ein Trick, der der Angst des Tieres keine Chance läßt: Geben Sie die tägliche Dosis auf einen Leckerbissen, den Sie aus der Hand verfüttern. Sonst stopft der Hamster ihn in die Backentasche und vergräbt ihn als Vorrat.

Wundbehandlung

Bei äußeren Verletzungen, Entzündungen oder Abszessen bieten sich verdünnte Arnicatinktur (Tupfen) oder Ringelblumensalbe zur Wundbehandlung an. Gerne wird auch Traumeel Salbe verwendet, vor allem bei Tieren, die ständig ihre Wunden lecken und damit auch das Medikament verzehren.

Anzeichen für Arztbesuch

Doktern Sie nicht lange herum. Der kleine Hamster hat nur wenig Reserven. Sobald Sie Ungewöhnliches im Aussehen oder Verhalten des Tieres beobachten, sollten Sie sich Rat beim Tierarzt holen.

Alter Hamster

Kommt Ihr Hamster in die Jahre, werden seine Bewegungen schwerfälliger und er verliert an Gewicht. Lassen Sie ihn am besten in seiner gewohnten Umgebung. Nehmen Sie ihn wenig aus dem Käfig und reichen ihm sein Lieblingsfutter.

Wenn der Hamster stirbt

Ein Problem ist die kurze Lebensdauer des Hamsters. Es ist also wahrscheinlich, daß Ihr Hamster trotz bester Pflege eines Morgens tot im Käfig liegt. Er war sehr krank oder ist an Altersschwäche gestorben. Zweifellos sind das unangenehme Gefühle, wenn man den Freund, der einen jeden Tag begleitet hat, plötzlich verliert. Doch gehören Sterben und Trauern auch dazu, wenn es um Heimtiere geht. Noch schwieriger ist der bewußte Entschluß, daß ein Tier eingeschläfert werden muß. Ist der Hamster jedoch unheilbar krank und leidet an Schmerzen, ist das ein guter Grund, ihn von seinem Leiden zu erlösen. Beraten Sie sich mit dem Tierarzt. Wenn Sie glauben, daß nur ein anderes Heimtier die große Lücke schließt: Lassen Sie sich lieber etwas Zeit, um dem neuen Tier gerecht zu werden.

Wichtig!

Auf Überhitzung ist der Hamster in keinster Weise eingestellt. Er kann nicht schwitzen. Wenn das kleine Tier anfängt zu speicheln, ist es in großer Gefahr. Stellen Sie den Käfig sofort an einen schattigen Ort ohne Zugluft. Reichen Sie dem Hamster Wasser zum Trinken. Niemals den Standort am Heizkörper wählen.

Alles Hamster, oder was?

Der Hamster bekommt Junge

Unverhofft kommt er oft, der Familienzuwachs. Natürlich kann er auch genau geplant werden. So oder so, die Hamster-Aufzucht ist ein großes Ereignis.

Familienplanung

Seit zwei Tagen wohnt ein Hamsterweibchen bei Ihnen. Eifrig gräbt und baut es, sammelt Streu und Stroh für eine behagliche Nistburg. Das hat sich aber schnell eingelebt, ist der erste Gedanke. Bis dann ein winziges, nacktes Wesen aus dem Haus purzelt. Bei genügend Platz macht es viel Spaß, das Familienleben des ansonsten ungeselligen Hamsters zu beobachten. Doch die Idylle ist nur von kurzer Dauer. Schon bei halbwüchsigen Hamstern schwindet die Toleranz füreinander, und auch sie werden zu Einzelgängern. Deshalb trennt man mit vier Wochen die Jungen von der Mutter. Dazu kommt, daß Hamster für eine Bevölkerungsexplosion sorgen, wenn man als Besitzer nicht regulierend eingreift. Mit sechs Wochen sind sie nämlich schon geschlechtsreif und können im Verlaufe eines Jahres einige Tausend Nachkommen produzieren.

Zucht

Wenn Sie einen Zuchtversuch unternehmen wollen: Die Freude an der Familiengründung verlangt nach mehr Unterbringungsanlagen, um die fruchtbaren Hamster zu bremsen. Haben Sie auch schon an Abnehmer für die Junghamster gedacht? Außerdem sind mehr Futtermittel vonnöten und die artgerechte Pflege jedes einzelnen Hamsters muß gewährleistet sein. Damit der Wurf glückt, ist ein geräumigeres Heim für die Hamsterfamilie Grundvoraussetzung. Das Belassen des Vaters während der Tragzeit sorgt fast immer für Streit. Nur in Ausnahmefällen entpuppt sich mancher Goldhamster als fürsorglicher Vater, der seine Jungen wärmt und damit die Mutter entlastet, bis die Nachkommen flügge sind. Bleibt er im Nest, braucht er dringend einen eigenen Unterschlupf. Wollen Sie züchten, warten Sie lieber

Familienplanung bei Dsungaren

Dsungarische Zwerghamster werden erst mit 8-12 Wochen geschlechtsreif. Die Mütter haben eine längere Tragzeit von etwa 20 Tagen. Ein Wurf umfaßt ungefähr 4-5 Junge. In der Wochenstube sollte man bei ihnen länger Ruhe bewahren. Bei Dsungaren ist es ratsam, den Vater vor der Geburt im Käfig zu lassen. Das fördert die spätere Paarbindung. Überdies sind Dsungaren gute, fürsorgliche Väter, die helfen, die Nachkommen aufzuziehen.

Hamster privat: Das Aroma, das die Hamsterin aus dem Geschlechtsorgan verströmt, signalisiert ihre Paarungsbereitschaft.

bis das Weibchen drei Monate alt ist. Vorher ist seine körperliche Entwicklung noch nicht abgeschlossen.

Paarung

Nur in der Brunst oder Paarungszeit kommen Männchen und Weibchen zusammen. Zur Paarung kommt es erst nach speziellen Signalen der Hamsterin, die per duftender Sekret-Absonderung dem Hamsterbock ihre Bereitschaft signalisiert. Nur wenn das Weibchen im Abstand von 4-7 Tagen in Hitze ist, akzeptiert sie den Bock. Setzen Sie das Hamsterweibchen am Abend zum Männchen und nicht umgekehrt. Lassen Sie die Hamster nicht allein. Die streitbare Hamsterin könnte den Bock in Raserei ernsthaft verletzen oder töten. Wenn der Bock nach fünf Minuten noch nicht aufgeritten hat oder das Weibchen ihn angreift, trennen Sie die beiden und probieren es an den nächsten Abenden erneut, bis sie ihn toleriert. Kommt es einmal zur Paarung, wird sich der Deckakt wahrscheinlich solange wiederholen, bis die Hamsterin das Männchen abwehrt. Auch dann ist es besser, sie trennen die Tiere. Bei Dsungaren, Campbell- und Roborowski Zwerghamstern ist Paarhaltung nicht unüblich. Streifenhamster-Weibchen allerdings sind wie Goldhamsterinnen ihren Gefährten gegenüber recht streitlustig.

Tragzeit

Sie muten einer Hamsterin viel zu, wenn sie nach einem Wurf sofort wieder trächtig wird. Lassen Sie ihr eine Pause von etwa sechs Wochen, damit sie die durchs Säugen verbrauchten Reserven wieder zurückerlangt. Ein trächtiges Hamsterweibchen wühlt und hamstert viel und betreibt auffallend Nestbau. Bieten Sie ihr genügend Nistmaterial in Form von Heu und Haushaltspapierschnitzel, um das Wurfnest auszupolstern. Keine Woll- und Bastfäden oder Hamsterwatte verwenden, da Gefahr besteht, daß sich die Welpen daran strangulieren. Steht Familienzuwachs bevor, vergrößert sich der Bedarf an Vitaminen und Mineralien.

Als eindeutige Aufforderung biegt die Hamsterin den Rücken und streckt das Hinterteil in die Höhe.

Auch wenn sie noch so neugierig auf die Babys sind, ist es richtiger, die Familie hat während der ersten Zeit Ruhe.

Tip!

Für die Tragzeit:

1. Ein größeres Häuschen für den Wurf besorgen
2. Nistmaterial bereitstellen
3. Wenige Tage vor der Geburt die Einstreu auswechseln, **niemals** das Nest!
4. Unruhe und Streß vermeiden
5. Ernährung vor allem eiweißreich gestalten

Kannibalismus

Beunruhigung, Transporte, Umzüge oder ein fremder Pfleger sollten kurz vor der Geburt vermieden werden, erst recht wenn die Jungen bereits geworfen wurden. Verändern Sie nicht zuviel an der Umgebung. Erneuern Sie das Nistmaterial erst wieder bevor die Kleinen entwöhnt sind, frühestens nach zwei bis drei Wochen. Richtiger ist, nur die Pinkelecke zu reinigen. Es besteht Gefahr, daß eine gestreßte Mutter kurz nach der Geburt ihre Welpen verstößt oder tötet und verzehrt. Dann war vielleicht die Versorgung mit tierischem Eiweiß nicht ausreichend. Oder es war der erste Wurf eines jungen, unerfahrenen Weibchens, das nicht genug Milch für die Nachkommen hatte. Möglicherweise haben Rangeleien mit dem im Käfig belassenen Bock die Hamsterin stark beunruhigt.

Geburt und Nestkontrolle

Nur drei Wochen sind seit dem Rendezvous mit dem Hamstermann vergangen. Die Hamsterin hat die Kinderstube für die nahende Geburt vorbereitet. Erst unmittelbar vor dem Wurf zieht sie sich zurück. Die Jungen werden von der Mutter sorgfältig hervorgeholt und sauber geleckt. Danach frißt sie die Nachgeburt, was den Milchfluß anregt. Vier bis zwölf Junge erblicken bei einem Wurf das Licht der Welt. Nackt, blind und völlig hilflos sind die rosaroten Zwerge, die nur 2 bis 3 Gramm wiegen. Rührend kümmert sich eine Hamstermutter um ihren Nachwuchs.

Vorsichtige Nestkontrolle gehört jetzt zu Ihrem täglichen Pflegeprogramm. Allerdings sollten Sie warten, bis die Mutter das Nest verlassen hat, oder Sie locken sie mit einem Leckerbissen heraus. Ist ein schwaches Junges im Nest gestorben, müssen sie es sofort entfernen. Greifen Sie nie mit bloßen Händen ins Nest, da der fremde Geruch die Hamsterin unnötig in Aufruhr versetzt. Nehmen Sie lieber einen Löffel, ein Stück Pappe oder Ästchen aus dem Gehege.

Kinderstube

Beim Wurf besitzen Hamster-Welpen bereits Zähne und Barthaare. Auch wenn Sie noch so neugierig auf die Babys sind, ist es richtiger die Familie hat während der ersten Zeit Ruhe. Fünf Tage nach der Geburt zeigt sich der erste leichte Flaum, der die Kleinen etwas hamsterähnlicher aussehen läßt. Zur selben Zeit öffnen sich die Ohren. Die allererste feste Nahrung, die die Jungen zu sich nehmen, ist der Kot der Mutter, damit sich ihre Darmflora bilden kann. Mit einer Woche verzehren die Jungen zusätzlich Nahrung aus dem Körnerdepot. Der Futternapf sollte jetzt in der Nähe des Nests stehen.

Im Alter von 15 Tagen sind die Welpen bereits voll behaart. Die Augen öffnen sich und die Kleinen beginnen, die Umgebung zu erkunden. Junghamster sind jetzt besonders putzig. Noch etwas ungelenk betreiben sie Fellpflege und geraten an Mutters Zitzen frisch gestärkt schnell in Spiellaune, balgen miteinander oder wühlen sich durch die Einstreu. Auch Kräfte messen gehört bereits zum Verhaltensregister. Geübt werden Dominanz und Unterwerfung.

Bereits drei bis vier Wochen nach der Geburt werden sie von der Muttermilch entwöhnt. Die mütterliche Fürsorge der Hamsterin schwindet und wandelt sich zu Eigenbrötlertum. Auch dem Vater gegenüber wird sie zänkisch, so daß man ihn besser in einen zweiten Käfig umsetzt. Die Junghamster gebärden sich unablässig wie Halbstarke, raufen ums Revier und verhindern damit zuverlässig ein weiteres harmonisches Familienleben. Sie müssen jetzt dringend abgesetzt, also nach Geschlecht getrennt werden. Wenn Sie die niedlichen Kerlchen nicht selbst behalten wollen, ist dies der Zeitpunkt, sie an verantwortungsvolle Abnehmer zu geben. Mit einem Hamsterpärchen muß man jetzt auf der Hut sein: Wenige Tage nach Absetzen der Jungen wird das Weibchen erneut fruchtbar.

Wichtig!

Die Mutter sollte während der Geburt und in den ersten Stunden danach nicht gestört werden. Durch Unruhe in der Umgebung, Belassen des Bocks im Käfig und Veränderungen des Nestgeruchs durch ständiges Anfassen mit den Händen kann es zum Kannibalismus kommen.

Mit einer Woche verzehrt der Junghamster zusätzlich Körnernahrung. Der Futternapf steht deshalb besser in der Nähe des Nests.

Hamster verstehen lernen

Der Hamsteralltag verlangt nicht nur nach Pflege und Fütterung. Ihr Heimtier braucht auch Zeit für Beschäftigung. Fördern Sie das typisch hamsterliche Wesen.

Richtiger Umgang mit dem Hamster

Guter Umgang mit dem Hamster bedeutet nicht nur Befriedigung seiner lebensnotwendigen Bedürfnisse. Er braucht auch Zeit für seine Lieblingsbeschäftigungen wie Schlafen, Nagen, Fressen, Hamstern, Putzen, Graben und Klettern. Kommt es zu Psychostreß, weil der Halter dies nicht beachtet, erkrankt zuerst die Hamsterseele, dann der Hamster. So wird ein müder Hamster, den man ständig am Tag weckt, mit Sicherheit bissig und bekommt ein räudiges Fell.

Typisch Hamster: Steine liebt er als Klettergerät und Ausguck.

Bei seinen Lieblingsbeschäftigungen wird der Hamster von Instinkten geleitet. Sie sind in freier Wildbahn ein Garant für Überleben und erfolgreiche Vermehrung. Ein Hamster in menschlicher Obhut zeigt dasselbe Verhalten, das verstanden und gefördert werden muß. Steht das hamsterliche Wohlbefinden im Vordergrund und nicht der persönliche Erlebniswert des Halters, wirkt sich das positiv auf das Stimmungsbarometer des Heimtiers aus. Und wenn Sie einen zufriedenen Hamster halten, bleibt er gesund und lebt lange. Fördern Sie also das typisch goldhamsterliche Wesen!

Wenn der Hamster seinen natürlichen Bewegungsdrang und die Neugier befriedigen kann, geht es ihm rundherum gut.

Der Umgang im Alltag:

- Schonzeit für Bedürfnisse am Abend einhalten: Erwachen, Strecken, Gähnen, Schnuppern und Fressen.
- Sich regelmäßig mit dem Hamster befassen.
- Sich stets zur selben Stunde mit dem Heimtier befassen fördert das Vertrauen.
- Ausschalten drohender Gefahren.
- Nutzen Sie die Zeit der Spielkiste oder den Freilauf für die Reinigung der Klo-Ecke und des Futternapfs.
- Bieten Sie Abwechslung: Frische Zweige und einen Leckerbissen – ein Stück Banane – für die Zeit nach dem Ausflug.

Der aufgeweckte und glückliche Hamster

Je mehr Zeit Sie für den neuen Hausgenossen aufbringen, desto mehr Freude werden Sie mit dem possierlichen Tier haben. Es wird dadurch zahm, ausgeglichen, selbstbewußt, neugierig und ist sehr lernfähig. Es würde den Rahmen sprengen, alle Details aufzuzählen, deren ein Hamster in menschlicher Obhut fähig ist, wenn er seinen natürlichen Bewegungsdrang und die Neugier befriedigen kann. Guter Umgang bedeutet auch, dem Hamster Abwechslung zu bieten. Oft werden Dinge, die längere Zeit in gewohnter Umgebung herumliegen, für den Hamster uninteressant. Ständig müssen die Aktivitäten aufs Neue angeregt werden. Der Hamster muß gefordert werden, sich beispielsweise Futter zu beschaffen.

Die Entwicklung des Goldhamsters

Bei Geburt	Unbehaarte Neugeborene, Augen und Ohren geschlossen
Anzahl/Wurf	4–12
Gewicht	2–3 g
4–5 Tag	Ohren geöffnet
7–10 Tag	Erste feste Nahrung
15 Tag	Augen geöffnet
21–28 Tag	Von der Milch entwöhnt
6–8 Woche	Geschlechtsreife
12 Wochen	Erwachsenenstadium, Zucht möglich
Zyklus	4–7 Tage
Östrus (Paarungsbereitschaft)	6–10 Stunden, nachts
Tragzeit	15–18 Tage
Alter	Etwa 2–3 Jahre

Tips für Spiel und Spaß

1. Zur Wunscheinrichtung des Hamsters gehört eine Spielkiste zum Toben. Nur wenn die Einstreu 20 bis 30 cm hoch ist, läßt sich genüßlich wühlen.
2. Duftquellen: Äste, Zweige, Wurzeln, Papprollen zum Stillen des Knabbertriebs.
3. Nichts macht dem Hamster mehr Spaß, als in einem Zimmer laufen zu können (Gefahrenquellen beachten!)
4. Der Aufbau eines Hindernisparcours fordert den Hamster. Versteckte Leckerbissen wird er dabei aufspüren.
5. Ein Abenteuerspielplatz mit Klettermöglichkeit ist genau das Richtige für den Kleinen. Einfach in einer unbenutzten Ecke der Wohnung aufbauen.

Abwechslungsreiche Beschäftigung

Zum Toben und Wühlen bietet sich eine große Umzugskiste an, die Sie mit einer dicken Schicht Kleintierstreu auffüllen. Aber nur soweit, daß der Hamster nicht herausspringen kann. Auch Weidenstöcke zum Knabbern oder Rinde, Laub, Äste und Steine sind eine gute Abwechslung in der Spielkiste. Dunkle Löcher und ausgehöhlte Baumstämme sind beim Hamster besonders beliebt.

Die Buddelkiste und anderes hohles Spielzeug ersetzen teilweise das Röhrensystem, das das Tier in freier Wildbahn bis zu zwei Meter unter der Erde gräbt. Bestens geeignet für diese Bedürfnisse des Hamsters sind Haushaltsrollen und lange Versandröhren aus Pappe.

Detektiv Spürnase schätzt es, Leckerbissen zu enttarnen. Belohnen Sie Ihren kleinen Waldfreund damit beispielsweise am Gipfel seines Kletterasts. Sandgestrahlte, dicke Äste aus dem Aquarienhandel eignen sich hervorragend. Halten Sie eine kleine Gruppe von Tieren, werden sie sich gegenseitig die Beute wegstibitzen. Aber Aufpassen: Nicht übermäßig hoch bauen, sonst besteht Verletzungsgefahr für den Hamster.

Freilauf in der Wohnung

Ist Ihr Goldhamster zahm, können Sie Erkundungen in einem geschlossenen Zimmer in Erwägung ziehen. Jedoch bringt die Entdeckerlaune das Tier häufig in die Klemme. Zur richtigen Pflege des Heimtiers gehört auch die Vorsorge, damit dem neugierigen Hausgenossen beim Freilauf nichts zustößt. Das ist keine leichte Aufgabe. Für den Hamster sind die Ausflüge nichts als vom Instinkt geleitete Handlungen. Doch in der wenig hamsterlichen Umgebung des Menschen enden die Kunststücke häufig mit einem frühen Hamstertod. Hamster landen im Staubsauger, verhungern in der Schublade, werden im Teppich zertreten oder auf dem Sofa zerquetscht. Sie sollten sich wirklich bewußt machen, wieviele schmerzliche Fallen auf das kleine Pelztier lauern. Die meisten Unfälle ereignen sich beim Turnen. Hamster lieben exzellente Aussicht und wollen immer nach oben. Mit Leichtigkeit erklimmt der Klettermaxe Vorhänge. Dort angekommen, läßt sich ein ungeschickter Hamster einfach hinunterfallen. Stürze von einer Höhe aus einem Meter können bereits zu schlimmen inneren Verletzungen und Brüchen führen. Das Tier stirbt an einer Wirbelsäulenverletzung oder ist ein Leben lang behindert.

Beseitigen Sie die Gefahrenquellen und beaufsichtigen Sie den Freilauf. Erstaunlich findig ist der Hamster beim Entdecken neuer Schlupflöcher. Im Nu ist Ihr neuer Freund entschwunden in einer Schublade oder engen Ritze. Achten Sie darauf, daß er nirgendwo steckenbleiben kann. Zudem könnte sich ihr Hamster beim langen Freilauf auf dem kalten Fußboden erkälten. Überdenken Sie also den Ausflug gut. Vielleicht verzichten Sie darauf und bieten dem Hamster lieber ein großes, artgerechtes Hamsterheim und eine Spielkiste, wo er sich auch gründlich austoben kann.

Gefahrenquellen

Natürlich ist der Freilauf für den Hamster ein großes Abenteuer. Wenn überhaupt, lassen Sie nur Goldhamster laufen, niemals Zwerghamster, die sind so winzig und quetschen sich überall hinein. Eine der Lieblingsbeschäftigungen des Hamsters ist „Türmen". Damit kann er seinen Halter zur Verzweiflung treiben. Sie können versuchen, sich kurzfristig zu behelfen und Löcher oder Spalten mit festem Material verschließen. Zustopfen von Schlupflöchern mit Papier nützt nichts. Der Hamster ist gewitzt und nagt sich in stundenlanger Kleinarbeit durch. Das erste Mal gelingt es meist noch, ihn mit Leckerbissen aus dem Versteck zu locken. Aber der Hamster lernt schnell. Vorsicht bei allzuviel Technik in Reichweite des umtriebigen und nagefreudigen Heimtiers. Für die Sicherheit Ihres Hamster müssen Sie auf alle Gefahrenquellen achten.

Mit Forscherlust erspäht das neugierige Tier dunkle Löcher, die allzuleicht zur gefährlichen Falle werden.

Abenteuerspielplatz

Ein Regal aus beschichteten Spanplatten mit Rückwand, 30 cm tief, ergibt ein tolles Gehege: Ohne Einlegeböden auf den Boden legen. Hinzu kommen ein paar Versandröhren, Turn- bzw. Klettergeräte und Laufrad, ein wenig Futter zur Stärkung, fertig! Bevor Sie jedoch zu Bett gehen, setzen Sie den Hamster wieder in sein angestammtes Quartier.

Tip!

Entwichenen Hamster fangen:
Mehrere Bücher an der Wand von drei Seiten wie eine Treppe etwa 30 cm hoch stapeln. Weiche Einstreu und Leckerei als Lockmittel in die Höhle legen. Dort finden Sie anderntags Ihren selig schlafenden Hamster.

Dank ihres ausgezeichneten Geruchssinns kommen Hamster einander schnell auf die Schliche.

Die häufigsten Gefahrenquellen:

1. Elektrokabel: Auf der Suche nach Genießbarem macht der Hamster auch nicht halt vor der Isolierung eines Elektrokabels, aus diesem Grund ist die Küche kein geeigneter Ort (Starkstrom am Herd). Alle Kabel, die sich in einem Haushalt befinden (auch Telefonkabel), müssen unerreichbar sein.

2. Entweichen: Fenster, Türen, Lüftungsschacht schließen.

3. Ertrinken: Lassen sie keine Gefäße herumstehen, deren Inhalt gefährlich werden kann. Vasen, Kübel, Aquarien müssen abgedeckt werden.

4. Stürzen: Ein aus dem Käfig entwichener Hamster stürzt möglicherweise vom Tisch, erleidet Knochenbrüche oder sogar innere Verletzungen. Gefahr droht auch bei Käfigen mit mehreren Türen. Vorhänge sollten Sie besser hochklemmen, da Hamster gerne in die Höhe steigen.

5. Vergiften: Gefahr besteht durch Putzmittel, Pflanzendünger, Alkohol, Farben, Zigaretten oder Medikamente. Pflanzen wie Weihnachtsstern, Dieffenbachien, Oleander, Gummibaum und Efeu sind giftig. Auch an Kakteen kann sich der Hamster lebensgefährlich verletzen.

6. Verhungern, Ersticken: Gelangt ein Hamster unbemerkt in Schränke, Schubladen, ins Sofa- oder Sesselinnere ist äußerste Vorsicht geboten.

7. Zertreten und Zerquetschen: Zahme Hamster krabbeln gerne um die Füßen des Halters. Achten Sie beim Hinsetzen auf den Hamster! Türen sind zu schließen. Darin kann der Hamster eingeklemmt werden. Gefahr droht auch beim Schrankrücken, wenn ein entwichener Hamster befreit werden soll.

Die Sinnesleistungen

Hamster riechen und spüren auf Wellenlängen, die für den Menschen nicht erfahrbar sind. Mit exzellent ausgebildeten Sinnen findet sich diese Tierart in der Umgebung zurecht.

Sehen:
Als Nachttier verfügt der Hamster über kein besonders gutes Sehvermögen. Er ist kurzsichtig, jedoch sieht das Tier durch die seitlich am Kopf liegenden Kugelaugen einen größeren Ausschnitt als wir Menschen. Das Blickfeld genügt zur Enttarnung von Beutegreifern.

Hören:
Die Ohren sind groß und zugespitzt. Mit dem sensiblen Gehör nimmt der Hamster die Geheimbotschaften des Ultraschalls wahr. Um tagsüber ungestört schlafen zu können, faltet er die Ohrmuscheln zusammen.

Riechen:
Die Hauptorientierung des Hamsters geht über die Nase. Hamster bedienen sich sogenannter Duftmarken, die sie über ihre Drüsenorgane beiderseits an den Flanken sowie mit Kot und Harn in der Umgebung setzen. Dank ihres ausgezeichneten Geruchssinns kommen Hamster einander ganz schnell auf die Schliche: Diese Geruchsmixs sind Körpercodes oder Duftbilder, um Artgenossen, Feinde und den Menschen zu erkennen. Dieser Gruppengeruch bestimmt aggressives oder friedliches Verhalten des Tieres. Weibliche Tiere signalisieren per Duftsprache, wie viele andere Säuger auch, ihre Empfängnisbereitschaft.

Tasten:
Den nachtaktiven Dynamiker kann auch die tiefste Dunkelheit nicht bremsen. Problemlos findet er sich mit hochempfindlichen Tasthaaren im Gesichtsbereich sowie seitlich der Extremitäten und am Körper in der Umgebung zurecht.

Spieglein, Spieglein, du weißt allein, wer ist der Schönste im ganzen Heim? Aus der Nähe nimmt der Hamster recht gut seine Umwelt wahr.

Wichtig!

Lassen Sie den Hamster beim Freilauf nicht unbeaufsichtigt. Von Mal zu Mal lernt er seine Umgebung besser kennen und versucht, in die dunkelsten Schlupflöcher vorzudringen.

Einmaleins des Verhaltens

Leben Sie mit einem Hamster als Hausfreund, ist wichtig zu erkennen, was in Ihrem Heimtier vorgeht. Nur wenn Sie die Stimmungen und Botschaften deuten lernen, können Sie richtig darauf reagieren.

Hamster-Lieblingsbeschäftigungen

Die meisten hamsterlichen Verhaltensweisen sind hochgradig an ihren biologischen Zweck angepaßt. Sie sind stammesgeschichtlichen Ursprungs und damit bereits in den Erbanlagen vorgegeben.

Hamstern

Zum Hamstern, dem vorsorglichen Sammeln von Futter in den Backentaschen verpflichtet schon der Name des Nagers. Hamster in freier Wildbahn können nur im Sommer einen Nahrungsvorrat für den Winter anlegen und hamstern dabei über 60 Pfund Körner und Früchte für die magere Zeit ein. Zwar halten die Tiere in der Wildnis Winterschlaf, doch treibt sie zuweilen der Hunger zu einem kleinen Snack.

Hausbesetzer: Der Stiefel ist Duftquelle, Speisekammer und Wachturm zugleich, und er läßt sich herrlich benagen.

Graben

Mit einer „Buddelkiste" können Sie schon ein Grundbedürfnis des Hamsters befriedigen: Wühlen und Graben sind seine Leidenschaft. Nur wenn er sich sicher fühlt und entspannt ist, können Sie dieses Verhalten beobachten. Dabei wird laut gescharrt, geschnüffelt und die Nase in die Einstreu gesteckt. Das Graben ist auch wichtig für Krallen- bzw. Fellpflege.

Nagen

Hamster besitzen einen starken natürlichen Nagetrieb. Schließlich müssen sich die nachwachsenden Schneidezähne abwetzen. In den ersten zwei Monaten ihres

Lebens wird extrem viel angeknabbert und ausgetestet, später stellt sich dann die intensive Nagetätigkeit ein.

Putzen

Hamster sind sehr auf Sauberkeit bedacht. Nur wenn es geordnet anliegt, wärmt das dichte Haarkleid. Vor allem nach dem Erwachen, wenn der Hamster sein Nest verläßt, hält er gründliche Wäsche. Mit seinen Pfötchen, die er ständig leckt und anfeuchtet, reinigt sich der Hamster vom Kopf bis zu den Hinterfüßchen. Beginnt ein Hamster in Bedrängnis plötzlich das Putzritual, bezeichnet man dies als Übersprungsputzen in einer Konfliktsituation.

Sich bewegen

Die kleinen Heimtiere zeichnen sich durch einen starken Bewegungsdrang aus. In der Natur legt der Hamster jede Nacht gut sechs Kilometer zurück. Bleibt ihm nur ein Laufrad, dreht er locker 3000 Mal die Runde, um sich auszupowern. Einige Hamster werden regelrecht danach süchtig. Kann sich ein Laufradfanatiker auch mal mit Freilauf ausreichend Bewegung verschaffen, läßt er das Rad plötzlich links liegen. Schwimmen kann der Hamster auch, doch ist für den Steppenbewohner das Wasserbad ein Greuel und damit tunlichst zu vermeiden.

Klettern

Vielleicht fällt Ihnen eines Tages auf, daß der Hamster ständig nach oben blickt. Ob es ein Ast, ein Bett oder das Bein des geduldigen Pflegers ist, der Hamster muß unbedingt hinauf. Mit seinem natürlichen Schutzbedürfnis will sich der kleine Kerl nämlich Überblick verschaffen. Er versucht nichts anderes, als die Umgebung vor einem vermeintlichen Eindringling zu sichern. Problematisch ist allerdings der Abstieg: Hamster scheinen nie zu lernen, daß sie oben angekommen, früher oder später auf die Schnauze fallen. Ihnen fehlt das Gefühl für Höhe. Sie springen, lassen sich einfach plumpsen und sind damit stark unfallgefährdet.

Das große Reinemachen ist ein Grundbedürfnis des Hamsters.

Graben und Buddeln in der Einstreu dienen der Krallen- bzw. Fellpflege.

Detektiv Spürnase nähert sich inkognito dem fremden Objekt...

Schlafen

Den ganzen Tag im Bau verschlafen, das hat Stil. Zumindest aus der Sicht des Hamsters. Er ist nur in der ersten Hälfte der Nacht aktiv, später zieht er sich zum Nüße knacken und dösen ins Schlupfloch zurück. Nicht genug Schlaf wirkt sich lebensverkürzend auf den Hamster aus. Winterschlaf halten nur freilebende Tiere, wenn die Temperaturen unter 10 °Celsius sinken.

Schnüffeln und Markieren

Mit seinem ausgezeichneten Riechorgan nimmt der Hamster die Umwelt wahr. Laut und heftig beschnüffelt er mit zitternden Barthaaren jeden unbekannten Gegenstand oder kontrolliert die Reviergrenzen. Über die Flankendrüsen sondert das Tier ein Sekret ab und kennzeichnet mit diesem Duftmix das Territorium.
In erster Linie dient das Riechen und Markieren dem Austausch von Informationen zwischen Hamstern. Hinterläßt ein fremder Hamster seine Duftmarke im angestammten Gebiet, wird das Duftsignal zwangsläufig als Provokation eingestuft und durchs eigene beseitigt. Der Duftruf ist gewissermaßen sein Schutzschild vor einem Angreifer. Das Aroma eines brünstigen Weibchens hat dagegen ein ganz anderes Ziel: Sie signalisiert auf diese Weise einem Männchen ihre Paarungsbereitschaft.

Neugier- und Spielverhalten

Auf neuartige Objekte reagiert ein Hamster häufig anders als auf bereits bekannte. Er erkundet zunächst den neuen Gegenstand vorsichtig, indem er heranschleicht, ihn beschnuppert und betastet.

Wörterbuch des Hamsters

Lautäußerungen

Knurren, Brummen: Drohen, Aggression
Fauchen: Drohen bei Angriff und bei Paarungsvorspiel
Fiepen: Hilferufe in Not geratener oder hungriger Nestlinge
Kreischen: Der Hamster ist außer sich, wenn er während der Schlafenszeit grob gestört wird. Ein unterlegener Hamster bringt dadurch auch Angst zum Ausdruck.
Quieken: Angst, Rangelei oder Warnung, wenn gleichzeitig mit den Zähnen geknirscht wird
Zähneklappern: Eine ernstzunehmende Warnung gegenüber dem Gegner, Hamster unbedingt trennen

So entdeckt er neue Nahrungsquellen, merkt sich Verstecke oder einen günstigen Ort für den Nestbau. Über das Neugierverhalten hinaus ist bei Jungtieren das Spielverhalten viel stärker ausgeprägt als bei erwachsenen Hamstern. Die Kleinen balgen herum und üben sich in Angriff, Verteidigung und Flucht. Damit rüsten sie sich für das Erwachsenenleben.

Lernverhalten
Die Neugier des Hamsters ist die Grundlage allen Lernens. Ihr Hamster paßt sich damit an die speziellen Bedingungen an, unter denen er bei Ihnen lebt. Einer meiner Hamster, der entschwunden war, wurde von mir etwa sieben Stunden später „gerettet“. Stummelchen, das bis dahin Hände verabscheut hatte, ließ sich ohne Zögern auf die Hand sinken und zum Käfig tragen. Seither verläßt sie ihren Käfig nur mit zum Platzen gefüllten Backentaschen, schleppt das Futter oft stundenlang mit sich herum und leert die Schätze erst nach Rückkehr wieder in den Napf.

Hamstersprache

Hamster sind die geborenen Leisetreter. Anders als Hunde und Katzen machen sich die kleinen Nager nur wenig stimmgewaltig bemerkbar und wenn, dann zumeist in Extremsituationen. Heisere Laute oder Fiepen können Hilferufe sein (Schmerzen nach Sturz, eingeklemmter Hamster). Sie hören die zaghaften Laute.

Stören Sie den Hamster während seiner Ruhephase, reagiert er darauf höchst verärgert, brummt und droht oder kommt wutentbrannt aus

Wichtig!

Werden die Bedürfnisse des Hamsters vernachlässigt, kommt es zu Ersatzhandlungen wie Gitterbeißen und ständiges Hin- und Herlaufen vor der dem Licht zugewandten Käfigseite. Dazu kann es auch kommen, wenn er Sie in der Nähe des Käfigs sieht und Freilauf erwartet. Stellen Sie ihn an einen ruhigeren Ort, bis sich der Hamster beruhigt.

...und nimmt blitzschnell die Verfolgung auf!

seiner Einstreu hervorgeschossen, um dem vermeintlichen Störenfried einen Denkzettel zu verpassen. Aufgrund seines Single-Lebens ist das Ausdrucksvermögen des Goldhamsters besonders auf Verteidigung und Angriff ausgerichtet.

Verhalten erkennen

In freier Natur nehmen Hamster über bestimmte Bewegungen und Signale zueinander Kontakt auf und vermitteln Artgenossen friedliche oder aggressive Absichten. Auch in menschlicher Obhut gehaltene Hamster vermitteln sich auf diese Weise. Allerdings besitzen die kleinen Tiere nur ein beschränktes mimisches Ausdrucksvermögen, keine Grübchen oder Falten und sind kaum in der Lage, auf pflegerische Defizite aufmerksam zu machen. Sie sind in einer totalen Abhängigkeit, darauf angewiesen, was Sie von uns an Zuwendung bekommen. Schlechte Pflege oder falsche Behandlung quittieren sie allenfalls mit Verhaltensanomalien wie Apathie oder schweren Erkrankungen.

Rangordnung: Bei Begegnungen zwischen Platz- und Futterkonkurrenten kommt es zu Handgreiflichkeiten.

Wollen Sie nachvollziehen, was im Hamster vorgeht, müssen Sie die Bewegungen und Botschaften des Heimtiers interpretieren. Wer sie genau und regelmäßig beobachtet, wird bald die Sprache des Hamsters verstehen und richtig darauf reagieren. Wird ein Hamster in menschlicher Obhut gut gepflegt, zeigt er sich als zufriedener, selbstbewußter Hamster. Dann ist er unglaublich agil und stellt das gesamte Verhaltensrepertoire zur Schau, das Wissenschaftler und Hamsterliebhaber über viele Jahre der Forschung beobachten und analysieren konnten. Der äußere Eindruck des Hamsters vermittelt uns seinen Seelenzustand, ob sich das Tier wohl fühlt oder gereizt ist und in Ruhe gelassen werden will.

Körpersprache deuten

Imponier- und aggressives Verhalten zeigen Hamster besonders dann, wenn sie mit anderen Hamstern zusammengesetzt werden. Von Natur aus Einzelgänger kommt es bei Begegnungen zwischen Platz- und Futterkonkurrenten zu gefährlichen Auseinandersetzungen. Der Druck auf ein Tier ohne eigenes Revier ist schließlich groß. Umgekehrt hängt für einen Platzhalter alles davon ab, das Territorium nicht zu verlieren. Bekommt er Wind von einem Fremdling, wird er angriffs- und mordlustig.

Auch in menschlicher Obhut etablieren zwei Tiere, die aneinander gewöhnt werden sollen, zuerst einmal die Rangordnung. Jeder beansprucht das Gebiet für sich oder will der erste am Futternapf sein. Droht ein Hamster seinem Artgenossen, drückt er ihn zuerst mit den Vorderpfoten weg oder markiert den starken Mann, indem er seine Backen fürchterlich aufbläst. Ein ängstlicher, unterlegener Gegner legt sich dann zur Seite und signalisiert Unterwerfung. Ist der Widersacher ein mutiger Kerl, droht ernsthafte Gefahr, da die Hamster nun zu Felde ziehen und sich bis aufs Blut beißen. Schließlich können sich die Streithähne nirgends aus dem Weg gehen. Von Gesellschaft, wie wir Menschen sie uns wünschen, hält der Hamster überhaupt nichts.

Wichtig!

Was wir heute über den Hamster wissen, beruht auf Beobachtung des Kleinnagers in menschlicher Obhut. In freier Natur läßt sich die scheue und versteckt lebende Tierart kaum beobachten.

Ein unsicherer Hamster will kein Aufsehen. Sich klein machen und ducken ist seine Devise.

Kleine Hamsterkunde

Körperhaltung	Das signalisiert der Hamster
Backenblasen und Ohren aufstellen	Imponieren, Drohen
Durchbiegen des Körpers, Hinterteil aufgerichtet	Paarungsbereitschaft des Weibchens
Geduckter, an Boden gepreßter Körper	Angst, Schüchternheit
Hamster erhebt sich auf Hinterbeine,	Neugier, Aufmerksamkeit, Unruhe,
Vorderbeine hängen herunter, eine Pfote tiefer als die andere	Sichern
Hamster sitzt auf dem Hintern und Pfötchen hängen herunter	Sicherheit, Ruhe
In Starre fallen	Unsicherheit, Wittern eines Gegners
Langanhaltendes Putzen	Ausgiebige Körperpflege
Laufen auf Hinterbeinen, Hinterteil erhoben und Kopf gesenkt	Demutshaltung von Junghamstern gegenüber erwachsenen Tieren
Plötzliches Putzen	Erschrecken, Übersprungshandlung in Konfliktsituationen
Putzen und Streicheln zwischen zwei Hamstern	Zärtliche Zuneigung zwischen Männchen und Weibchen, stärkt die Bande
Rückenlage, Sich-tot-Stellen	Todesangst, Ergebung
Springen, Sätze machen	Übermut
Strecken und Gähnen	Gerade aufgewacht, Ausgeglichenheit
Streifen mit den Flanken	Markieren an Reviergrenzen, In-Besitz-Nehmen
Teilnahmslosigkeit	Langeweile, Krankheit
Vorderpfoten anheben	Ein Hamster wehrt angreifendes Weibchen ab
Weglaufen, ausgelöst durch Verfolgung oder Anfassen	Abwehr, Flucht
Zähnewetzen	Stärke demonstrieren, Beißvermögen
Zurückgelegte Ohren	Müdigkeit, Angst, Aggression, Abwehr
Zusammenzucken	Erschrecken

Ein Forum für Hamster

Literatur

FRISCH, O. VON: Hamster, Gräfe und Unzer Verlag GmbH, München 1997

HOHENBERGER, E.: Heilkräuter für gesunde Heimtiere, Naturbuch Verlag, Augsburg 1995

ISENBÜGEL, E. UND FRANK W.: Heimtierkrankheiten, Eugen Ulmer Verlag, Stuttgart 1985

BECK, P.: Liebenswerter Hamster, Franckh-Kosmos Verlag, Stuttgart 1996

SCHMIDT, H.: Nagetiere, A. Philler Verlag, Minden 1981

Adressen, tierische Infos aus dem Internet

Bundesarbeitsgruppe Kleinsäuger, Anjali Gutleber, Landshuter Straße 36, 84187 Weng-Hörmannsdorf

Tierärztliche Hochschule Hannover, Eine Quelle für Infos zu Krankheiten und Tierschutz, Fon 0511-963-8144 oder Fax 0511-953-8056, E-mail:http://www.tiho.hannover.de.

Urlaubs-Beratungs-Telefon im Deutschen Tierschutzbund e.V., Baumschulallee 15, 53115 Bonn, Fon 0228-60 49627, Anschriftenvermittlung über regionale Tierschutzvereine

Fragen zur Tierhaltung, ZZF oder Zentralverband Zoologischer Fachbetriebe, Langen, Fon 06103-23095

Tier-Forum im Netz, Für Kontakte zu anderen Hamsterhaltern und Clubs im Ausland: Compuserve „Go Animal“, im Internet Stichwort „Hamster“ oder „Rodents“

Impressum

Die Deutsche Bibliothek – CIP-Einheitsaufnahme

Hamster: Erprobter Menü- und Pflegeplan; Haus zum Selberbauen; Lernspiel zum Herausnehmen / Evelyn Seeger. (Ill.: Manfred Lindner / Fotos). – Augsburg : Naturbuch-Verl., 1998
ISBN 3-89440-321-7

Naturbuch Verlag

Alle Fotos: Christine Steimer, Wölfersheim
Illustrationen: Manfred Lindner
Lektorat: Sibylle Kolb, Naturbuch Verlag
Layout und Satz: Vera Faßbender, Naturbuch Verlag, nach einem Entwurf von Cosmas Fette, Offendorf, gesetzt aus der Stone Informal 9/13 Punkt
Reproduktion: Uhl & Massopust, Aalen
Umschlaggestaltung: KA•BA factory , Augsburg
Druck und Bindung: Offizin Andersen Nexö, Leipzig
Gedruckt auf umweltfreundlich chlorfrei gebleichtem Papier
Printed in Germany

ISBN 3-89440-321-7

Register

Großes Hamsterspiel

Taktisches Würfel- und Lern-Spiel
für 2–4 Spieler ab 7 Jahren
Spielidee: Ingo Faustmann, Ravensburg
Fragen und Antworten: Evelyn Seeger

SPIELZIEL ... ist es, bei Spielende die meisten Punkte zu haben!

SPIELVORBEREITUNG Zunächst trennt Ihr den Spielplan vorsichtig aus dem Buch heraus. Nun braucht Ihr noch Spielmaterial, das Ihr aus einem anderen Spiel herausnehmen könnt: einen Würfel mit den Zahlen von 1 bis 6, eine Spielfigur für jeden Mitspieler, 12 Chips (oder Münzen), ein Blatt Papier und einen Stift.

Neben den *Lauffeldern,* auf denen Ihr Eure Spielfigur bewegt, gibt es 15 *große Hamsterfelder* mit bunten Hamsterabbildungen. Davon sind *12 Fragefelder* (auf denen Ihr Euer Wissen testen könnt) und *3 Chancenfelder* auf denen Ihr mit Glück zusätzlich Punkte machen könnt. Legt auf die 12 Fragefelder jeweils einen Chip – am besten so, daß der Text nicht abgedeckt wird.

JETZT GEHT'S LOS! Jeder sucht sich eine Spielfigur aus und stellt sie auf das farbgleiche Startfeld. Wählt einen Startspieler aus und gebt diesem Spieler den Würfel. Danach geht es dann immer im Uhrzeigersinn weiter. Der Startspieler notiert zusätzlich eure Punkte und bekommt deshalb Papier und Stift. Wer an der Reihe ist, würfelt und bewegt dann seine Spielfigur genau um die gewürfelte Augenzahl weiter. Man kann in jede beliebige Richtung gehen. Jedes Feld zählt einen Würfelpunkt. Endet Euer Spielzug auf einem Feld, wo ein Mitspieler steht, habt ihr Pech. In diesem Fall müßt Ihr in eine andere als die gewünschte Richtung ziehen.

DIE 15 HAMSTERFELDER Wer seinen Zug auf einem ➨-Feld beendet, kann jetzt vielleicht einen Punkt machen. Der Pfeil zeigt dabei auf das Hamsterfeld, um das es jetzt geht. Ist es ein *Fragefeld,* dann liest Dein linker Nachbar jetzt die Frage vor und Du mußt die richtige Antwort geben. Diese ist unter der Nummer des Feldes auf der folgenden Seite abgedruckt. Stimmt die Antwort, wird Dir ein Punkt gutgeschrieben und der Chip abgeräumt, ansonsten hast Du Pech und beendest den Zug ohne Punktgewinn. Das Spiel endet, wenn der letzte der 12 Chips abgeräumt ist und damit alle Fragen einmal gestellt und beantwortet wurden. Ist es ein *Chancenfeld,* so kannst Du Glück haben, einen Punkt einfach so zu bekommen: Wenn Du jetzt eine der Zahlen würfelst, die auf dem Feld abgedruckt sind, dann erhältst Du einen Punkt, ohne daß Du etwas dafür tun mußt.

WICHTIG Auf den Chancenfeldern kann jeder, wenn er darauf kommt, immer wieder sein Glück versuchen. Der Startspieler, der für Euch die Punkte aufschreibt, muß aber wegen der Endabrechnung darauf achten, daß er für jeden Mitspieler die Punkte aus den Fragefeldern und aus den Chancenfeldern extra notiert!

DIE ABRECHNUNG Jetzt wird's spannend:
- Jeder Punkt aufgrund einer richtig beantworteten Frage eines Fragefeldes zählt ganz normal.
- Jeder Punkt aufgrund eines richtigen Tips auf einem Chancenfeld zählt auch als ein Punkt – mit der einzigen Ausnahme, daß man auf diese Weise *nicht mehr Punkte* zusätzlich machen kann als mit richtig beantworteten Fragen.

Ein Beispiel: Evi hat bei Spielende 3 Punkte aus den Fragefeldern und 4 Punkte aus den Chancenfeldern. Das ergibt, daß man bei Spielende nicht mehr Punkte für die Chancen dazuzählen darf als man Fragen richtig beantwortet hat: 3 Punkte (Fragefelder) + 3 Punkte (Chancenfelder – ein Punkt verfällt) = 6 Punkte insgesamt.

SIEGER IST, WER DIE MEISTEN PUNKTE HAT. VIEL SPAß!

Antworten zum großen Hamsterspiel

1. HAMSTER-KAUF Einen Hamster kannst Du aus dem *Tierheim* (gegen eine angemessene Spende) bekommen, oft auch aus Würfen in *Privathaushalten.* Eine spezielle Hamster-Rasse erhält man im *Zoofachhandel.* Übrigens: Oft werden Hamster auch per Anzeigen in Wochenblättern oder am Aushang von Geschäften für Tierzubehör angeboten.

2. AUSSTATTUNG Ein geräumiges Hamsterheim mit Schlafhäuschen, Futternapf, Nippeltränke, Laufrad, Einstreu und Nistmaterial, Trocken- und Saftfutter, Mineralleckstein, eventuell Leckereien wie Joghurtdrops und Hundekuchen zum Nagen.

3. HALTUNG Ein *einzeln* gehaltener *Hamster* ist richtiger. Sonst gibt es Rangeleien und blutige Beißereien. Willst Du unbedingt zwei Tiere halten, wirst Du vielleicht unfreiwillig zum Züchter. Die Geschlechtsbestimmung bei Jungtieren ist sehr schwer. Wohin dann mit den vielen winzigen Hamsterchen? Als (gleichgeschlechtliche)Wurfgeschwister lassen sich höchstens Zwerghamster halten.

4. FAMILIENZUWACHS Hund und Katze sind eine *Zumutung* für den Hamster. Umgekehrt könnte der Hamster zu einer Gefahr für den neuen gefiederten Freund werden.

5. NAHRUNG Kohl besser nicht füttern, er führt zu schlimmen Verdauungsproblemen mit Futterverweigerung. Kartoffelschalen, Grün von Tomaten und Karotten sind giftig! Niemals Schokolade geben, sonst verkleben die Backentaschen.

6. HYGIENE Reinige die Toilettenecke (die der Hamster immer wieder mal wechselt) am besten *täglich* am Abend. Damit vermeidest Du unangenehme Gerüche, die der Familie aber auch dem Haster stinken.

7. BESCHÄFTIGUNG Eine Menge Dinge kann man tun: Freilauf unter Aufsicht bei zahmen Hamstern oder das Tier hat eine Spielkiste mit Einstreu zum Graben, ein Gehege mit Versandrollen zum Verstecken oder Benagen, außerdem saubergewaschene Knabberzweige als Duftquellen und tierfreundliches Holzspielzeug. Im Käfig benötigt ein Hamster dringend Kletteräste und ein großes Laufrad. Ideal ist eine Beschäftigungsstunde mit „seinem" Menschen, auf dem der Hamster gerne herumturnt.

8. VERHALTEN Das ist *Abwehr* und bedeutet: „Rühr mich nicht an". Der Hamster ist *kein Spieltier* und will in Ruhe gelassen werden.

9. SINNESLEISTUNGEN Mit seiner *Nase* folgt der Hamster *Duftfährten* und nimmt die *Geruchsmarken* anderer Hamster wahr.

10. ALTER Bei gutem Umgang und stressfreier Haltung etwa *3 Jahre.* Manche werden nur zwei, andere sogar älter als drei Jahre.

11. BEWEGUNG Der *Goldhamster* ist der gewandte Kletterer. Roborowskis rutschen mit ihren haarigen Füßchen allzuleicht ab und laufen lieber über Sand.

12. RASSEN Bekannt sind wildfarbener und schwarzer Goldhamster und viele Farbschläge wie weiß, rostrot, silbergrau und cremefarben, es gibt den Schnecken-, Russen- und Teddyhamster, darunter Tiere mit Kurz- oder Langhaarfaktor.
Bei den Zwerghamstern unterscheidet man die Dsungaren, Campbells, Streifenhamster und Roborowskis.